掌控谈话

杜赢 编著

中国商业出版社

图书在版编目(CIP)数据

掌控谈话／杜赢编著. -- 北京：中国商业出版社，2021.8

ISBN 978-7-5208-1649-6

Ⅰ. ①掌… Ⅱ. ①杜… Ⅲ. ①商务谈判 Ⅳ. ①F715.4

中国版本图书馆 CIP 数据核字(2021)第 106840 号

责任编辑：谭怀洲　王彦

中国商业出版社出版发行

010-63180647　www.c-cbook.com

（100053　北京广安门内报国寺 1 号）

新华书店经销

三河市众誉天成印务有限公司印刷

* * * * *

880 毫米×1230 毫米　32 开　6 印张　116 千字

2021 年 8 月第 1 版　2021 年 8 月第 1 次印刷

定价：36.00 元

* * * * *

前　言

想让别人帮忙，却难以启齿；

领导误会了你，无端地被指责；

客户很挑剔，怎么谈都没有进展；

同事与你意见不一致，导致项目进行不下去；

朋友拜托你的事很难办，想拒绝又不好开口；

……

类似的谈话都是如此艰难，总会在你毫无准备的时刻不期而至，让你失去谈话的主动权，有一种无力掌控局面的感觉。

其实，不是每个人都会在生活工作当中遭遇到这些高难度的谈话，但是在日常生活中，谈话确实无处不在。如何在每一个小细节里运用说话的技巧，是非常重要的，这会让你事半功倍。任何一场谈话都是一次面对面的心理战，要想在谈话中表现得自如得体，是需要平日里去积累和锻炼的。

一个人为人处世的方式，大部分体现在他的话语中。一件事情是否能够办成，很大程度上与说话有关；而一句话是否说得恰当，又与一个人的个性、情绪、阅历等有很大关系。会说话的人，可以明确表达自己的意图，能够把道理说得清楚、动听，并使别人乐意接受。会说话的人，他说的话常会为人所赞美和欣赏。不会说话的人，则常吞吞吐吐，含糊其词，甚至可能造成误会，伤及感情，于人于己都不利。

说话是一种技巧，我们必须熟练地掌握这种技巧，才能够成功。在说话时要了解对方，顾忌别人的感受，坦白率直，细心谨慎。因此，说话时要根据实际的情况，切不可唯我独尊。此外，我们说话的目的是说明一些事情，使人产生兴趣，所以说话要清晰，要有力度。

同时，说话还要讲究表达方式：说得好，说得精，说得巧。说得好，就是把话说到对方的心坎上，说者会说，听者爱听，彼此共鸣；说得精，就是言简意赅，不啰唆，不赘言；说得巧，就是把话说到点子上，一语中的。

本书通过大量贴近生活的事例和精练的要点，将实用、常用、具有操作性的谈话技巧介绍给大家。在这里，你将会通过丰富且极其生活化的案例一步步学到：

如何在一场艰难的谈话中掌握主动权；

如何在毫无准备的情况下开始一场高难度对话；

如何谈话才能清晰、准确地表达自己的意图；

当面对正面攻击和指控时，如何回应；

遇到指责和误解时，如何说才能化解困境；

……

当你突破了沟通中的艰难时刻，你会发现，再也没有什么事是谈不下来的！

2021 年 4 月

目录

第三章　面对为难请求，拒绝其实并不难

第四章　说话有逻辑，你能说服任何人

第五章 求人办事，好口才能让你更轻松

第六章 懂博弈，再难的谈判也能谈下来

第七章　职场谈话，别输在不会沟通上

第八章　完美成交，客户是谈出来的

第一章

说话讲策略，怎么谈都不难

以心相容，把话说到点子上

与人交谈时，如果只知道对方的观点和态度，而不知道对方这样想或这样做的原因，同样达不到目的。有这样一个笑话：

某青年见同伴唉声叹气，抱怨生活郁闷、活着无聊。他问："你这是怎么了？"

"唉，你知道，我特别爱那个姑娘。我恨不得把自己的心给她，可她居然拒绝了我对她的爱。"

"拒绝了？咳！你别当真！更不要气馁。有志者事竟成，发扬坚持不懈的精神嘛！要知道，女人对男人说'不'，常常意味着'是'。所以，你又何必当真？"

"可她并没有对我说'不'呀，而是轻蔑地对我说'呸'！"

这下子，青年傻眼了。他不知对方心结，怎可随意"支着"？

了解别人的"心结"所在，不仅需要获得对方的反馈信息，而且还得准确地定位对方做出某种反应的原因及含义。否则，双方的交流就无从谈起。有的放矢，这一点在说服别人的过程中尤其重要。

李萍是一家工厂人力资源部的主管，在这方面，她有深刻的体会。有一件事让她记忆犹新。

为了工厂的可持续发展，厂领导决定重新安排在岗人员的工作。有一位女职工因此而闹情绪，说厂长有意整人，还要求厂长立即给她办病休手续。对于厂长的解释，她一句也听不进去。这天，她又来找厂长闹，李萍叫住了她："大姐，咱姐妹关系不错，来，到我那儿唠两句。"

这位女士一落座，就抱怨这抱怨那，只有一个中心意思：此次岗位调动，是厂长有意整她。等她说完了，李萍才明白她的心结所在，李萍说："大姐啊，厂长初来乍到，和咱无冤无仇，咋会整你呢？这次精减，机关下去二十多人，你们传达室也下去了三个人，不止你一个。这真不是厂长的意思。要说呢，这些年你在传达室工作轻车熟路，乍一下到车间劳动，肯定不适应。可话又说回来了，也不是只累咱一个。就说新厂长吧，50 多岁了，比你还大几岁，不也照样下车间吗？再说，精减后，传达室现在是两个人干五个人的活儿，肯定也不像以前那么轻松了。你说是不？咱下到车间后，干活虽然累点儿，可是多干多得，工资可是比以前提高了很多呀！"

李萍一边说，一边观察这位女士的脸，发现已经

"阴转多云"了，见她正在思忖，李萍又继续说道："大姐啊，你一时生气，要吃劳保可亏大了！你今年48岁，差两年就要退休了。如果你现在办病休，那退休后的工资只能拿70%，你不就吃大亏了？你想想，辛苦了大半辈子，就因为这件事情而搞砸了，划算不？常言道，'编筐编篓，重在收口'。如今，你站好最后一班岗，给大家留个好想头儿，自己也不吃亏！你觉得是不是这个理？"

没想到，这话还真管用，这位女士马上"多云转晴"了。她拉住李萍的手，激动地说："你算把你傻大姐给说醒了！我这最后一步差点儿迈砸了！我听你的，明天就下车间！"第二天，她果然穿上工作服下了车间，而且毫无抱怨。

当局者迷，旁观者清。一定要弄清对方在"事中迷"的真正原因，然后再对症下药，以理攻心。只有这样，才能做到"一番话说笑了苦恼人"，让事情出现转机。

1948年冬季，平津战役中，为保护历史名城北平免遭战火，中国共产党与傅作义将军进行和谈，劝其弃暗投明。但考虑到各方面原因，傅作义一直没有下决心。傅作义将军手下的少将参议刘存同老先生，受中国共产党地下党的委托，出面做说服工作。

刘老先生着眼于傅先生的前途，语重心长地劝道："宜生，是当机立断的时候了，一定要顺应人心，和平谈判，万万不可自我毁灭，万万不可。"当时，傅作义很清楚眼前的形势，但他主要的顾虑在于是否会被戴上叛逆的帽子。

于是，刘老先生对症下药，因势利导，给他讲了我国历史上商汤攻桀、武王伐纣的故事。他说："汤与武王是桀、纣的重臣，后人不但不称汤与武王是叛逆，反而赞美他们深明大义。忠，应该忠于人民，而非忠于一人。目前，由于连年饱受战争之苦，人民希望和平。如果你能顺应人心，倡导和平，天下人会箪食壶浆来欢迎你，谁还会说你叛逆？"刘老先生这样设身处地地为他着想，以情开路，以理攻心，终于促成了和平谈判，为顺利解放全中国做好了准备。

说服教育的前提是自觉自愿。用心相容、对症分析的过程，恰恰是启迪和实现这种自觉自愿的过程。不论说服什么人，都要以心相容，将自己的观点和意图逐渐融入对方的思想中，方能最终见效。

用理解和认可让对方敞开心扉

人与人之间的理解和认可是最珍贵的，人们总是更愿意和能够理解自己的人在一起对话聊天。因此，在与对方沟通时，多说理解和认可的话，才能让别人听着顺耳，才能让对方打开心扉与你交谈。如此，不仅能使他人快乐，也能使自己快乐。

用理解和认可的话与对方交谈，你会发现，你跟对方有了共同语言，他的所思所想、所喜所恶，都变得可以理解，甚至显得可爱。在各种交往中，你都可以从容应对。许多人不懂得如何理解和认可他人，这是导致很多事情做不成功的一大原因。

多说理解和认可的话，能给他人一种为他着想的感觉，这种说话方式常常具有极强的说服力。成功的人际交往，有赖于发现对方的真实需要，并且在实现自我目标的同时给对方指出一条可行的路径。

某精密机械工厂生产某项新产品，将其部分部件委托另外一家小型工厂制造，当该小型工厂将零件的半成品呈示总厂时，不料全不合该厂要求。由于时间紧迫，总厂负责人只得令其尽快重新制造，但小厂负责人认为他是完全按总厂的规格制造的，不想再重新制造，双方僵持了很久。总厂厂长见这种局面，在问明原委后，便对小厂负责人说："我想这件事完全是由于公司方面设计不周所致，而且还令你吃了亏，实在抱歉。今天幸好是由于你们帮忙，才让我们发现竟然有这样的缺点。只是事到如今，事情总是要完成的，你们不妨将它制造得更完美一点，这样对你我双方都是有好处的。"那位小厂负责人听完，欣然应允。

也许你会质疑："理解和认可对方说来容易，实际要做的时候却很难。"没错，理解和认可对方确实不容易，但却不是不可能。许多口才不错的人都能做到这一点。因为若不如此做，谈话成功的希望就可能很小。真正会说话的人，善于努力从他人的角度设想，并且乐此不疲。然而，他们也并非一开始就做得很好，而是从一次次的说服过程中吸收经验、吸取教训，最后才达到这样的境界。因此，只要你愿意，这并不是一件太难的事。

陈波工作十分尽责，为公司的业绩增长做出了很大贡献。他觉得目前的薪水与自己的贡献不成比例，于是找到上司说："老总，在公司干的这段时间是我进入社会以来最开心的一段日子，只可惜……"

上司猛然醒悟了过来："你要走?"

陈波装作很不情愿的样子，点了点头，然后一脸痛苦地说："出来这么多年，也没给家里做什么贡献，老婆孩子爹妈几张嘴，都要靠我一个人养，有时候也觉得挺难的。"

上司若有所思地望着陈波，拍了拍他的肩，说："我明白，我明白。"说着，上司陷入了沉思……

最近公司要争取一个大订单。上司又一次把陈波叫到了办公室，一进门他就拍着陈波的肩膀说："你是公司的骨干，这次是大业务，你可要将你的水平发挥出来。"陈波见上司没提加薪的事，一脸淡漠，上司这时就压低声音说："你放心，你的事我一直放在心里，我准备让你做公司的副总。不过，公司还有其他一些股东，我得让他们对你的水平有所了解。这次这个订单你要用心去做，做出成绩，别人也就没什么可说的了。"

听了上司的话，陈波感到自己还是被公司需要和重视的，于是他的一颗心安定了下来，他决定要好好做出点成绩来……

案例中，上司用理解和认可的语言向陈波传递了"公司需要你，公司会为你提供发展空间"这样的信息，迎合了陈波的心理，让陈波感到自己是被需要的。这告诉我们，只有理解和认可对方，才能让对方敞开心扉和你说话。设身处地地为别人着想，往往能让人非常感动。"理解万岁"，一个人最大的痛苦之一就是没人理解，如果我们能站在对方的立场上说话，那对于他来说会是一种莫大的幸福。

美国汽车大王福特说过：“如果说成功有秘诀的话，那就是理解和认可对方，站在对方的立场上认识和思考问题。”如果你与别人意见不一致，假若能站在对方的立场上认识和思考问题，你也许就会发现自己错了。如果你肯主动承认错误，就会使矛盾很快得到解决，还会在诚恳中使对方建立起对你的信任。

对方心情舒畅才更愿意交流

在与不同人谈话的时候，常有一些不利因素出现，这些不利因素往往会造成交谈双方的矛盾。比如在商场上，双方交谈时，对方往往会故意找些无中生有的理由，或是埋怨产品不好，希望能换一个品种，或是对服务不满，表示强烈异议等。在这种不愉快的状态下，交流的双方很难继续谈话。要消除这些不利因素，说话者需要有耐心，要心平气和，并且要讲究策略，然而最重要的就是，想办法让对方拥有一个好的心情。正如梁漱溟所说："至心思之清楚有条理，是与心情有关系的；在心情不平时，心思不会清楚，所以调理心情是最根本的。"因而，让对方心情舒畅，对方才更愿意和我们交流。

作为汽车推销员，迈特对各种汽车的性能和特点了如指掌，这一点对于他来说应该是极有好处的，但遗憾的是，他喜欢争辩。当客户过于挑剔时，他总要与顾客进行一番唇枪舌战，而且常常令顾客哑口无言，让顾客买车的情绪跌到谷底。事后他还会得意地说："我令这些家伙大败而归。”这样一来，迈特的销售业绩也可想而知了。

后来经理批评了他：“在舌战中，你越胜利自己就越失职，因为你会得罪顾客，顾客没有了好心情，你的推销就很难进行下去，最终你会什么也卖不出去。”

通过经理的批评，迈特认识到了自己卖不出去车的原因，经过认真思考，他决定要改变以前的作风，让顾客在沟通中保持舒畅的心情。

有一次，他去推销怀特牌汽车，一位顾客傲慢地说：“什么，怀特？我喜欢的可是胡雪牌汽车，怀特你送我我都不要！”迈特听了，微微一笑：“你说得不错，胡雪牌汽车确实好，该厂设备精良，技术也很棒。既然你是位行家，那咱们改天来讨论怀特牌汽车怎么样？希望你能多多指教。”顾客听了迈特的话，心里非常高兴，表示很愿意跟他交流切磋。于是，两个人开始了海阔天空式的讨论。迈特借此机会大力宣扬了一番怀特牌汽车的优点，最后终于做成了生意。

迈特以后的工作进行得很顺利，正是因为他学会了让顾客拥有一个好心情，让顾客在愉快的心情下跟他交谈。后来迈特成了一位著名的推销员。

为什么迈特以前争强好胜却遭到批评，而后来不再与顾客争辩反而成了模范推销员？这里他掌握了一项重要原则，那就是交易中不宜让顾客心情恶劣，而要学会让对方拥有一个好心情。作为一名推销人员，应当宽宏大量地对待顾客的意见与抱怨，站在顾客的角度真诚地理解与接受顾客的异议，认真地分析和处理顾客的意见和建议，使顾客在与自己达成协议时保持愉快的心情，获得相应的快乐，这样就会顺理成章地做成生意。

现实生活中，很多人的性格是心直口快，没有城府，从不拐弯抹角。有时候这样的人会很受欢迎，因为人们觉得他率直，交往起来很轻松，可是有时候，这样的人却很让人头疼，因为他总是在无意中伤害到别人，常常把人弄得下不来台可自己却毫无察觉，你怪他吧，他是无意的；你不怪他吧，他又屡次让你恼火。

在一次重要的谈判中，双方之前从未有过任何接触，因此气氛略显沉闷。这时甲方的代表开口了："王经理，听说你是属虎的，贵厂在你的领导下真是虎虎有生气呀!"

"谢谢，借你吉言。唉，可惜我一回家，就虎威难再了!"

"哦，为什么呀?"

"我和我的夫人属相相克啊，我被降住了!"

"那么你妻子……"

"她属武松!"

双方你来我往，不经意的几句幽默话语，就让原来的沉闷一扫而光，彼此间很容易就建立起一种亲近随和的关系。

将严肃的讨论置于轻松活泼、融洽愉快的气氛之中，这时不仅满足双方利益的需要，而且能缓解沉闷的谈判气氛，使彼此间心情愉快、有轻松感，有利于谈判的顺利进行。有时候，在谈判桌上争论了几个小时无法解决的问题，在这时也许会迎刃而解。

其实，在与他人的交谈中，难免会出现磕磕碰碰的情况，而聪明的谈话者，懂得让对方恢复舒畅心情的重要性，他们会用宽容和忍让给他人带来好心情，进而让谈话在对方愉快的心情下顺利进行。那么，怎样才能让对方心情舒畅呢？要做到这一点，可以参考以下几个方面。

1. 不与他人抢话争话

自己有真知灼见希望尽快发表出来，这种心情是可以理解的。但你同样也要给别人发言的机会，不能迫不及待。在他人侃侃而谈时，硬是卡断他的话头，让自己一吐为快；或者他人正欲发言时，你捷足先登，把别人已到嘴边的话硬是挤过来，让自己畅所欲言。这都会让对方心里很不舒服。发表己见，首先应具备的修养就是耐心，待别人充分发表了意见之后，或轮到你发言时，你再发言也不迟，这不仅不会减轻你发言的分量，还可以调动大家的情绪。

2. 不说侮辱性话语

说到让对方心情舒畅，不得不提口德。“德”可以说是口才的灵魂。生活中，有些词语我们应尽可能避而不用，尤其是有关生理特点的，如胖猪、矮冬瓜、瘸子，还有乞丐、私生子、拖油瓶……一个注重言语修为的人，一个有益于他人的人，自然易于得到他人的尊重，他的话也就易于被别人接受。

3. 尊重他人的意见

说话是人的思想的反映，尊重他人的意见，相当于尊重他这个人。但有些人为使自己的意见突出，引起他人对他谈话价值的充分认可，常不自觉地对他人的意见加以贬低、否定，结果引发了对方的不满和对抗。结果不仅自己的意见未得到重视，反而遭到冷落和否定，自己的形象也受到贬损。有些善于说话者，在发表己见时，恰恰采取相反的态度，他们会巧妙地从不同角度对他人已发表出来的意见加以肯定和褒扬，甚至采取顺势接话、补充发言的方式陈明己见，这样别人就会保持积极、良好的心态倾听他们的高论，他们的意见圆满发表了，他们的风格也显示出来了。

被动回应不如主动出击

与别人交谈时，被动地回应不如主动去了解情况，然后巧妙地说服别人。从心理学上讲，主动出击就是力量所在。比如我们正在谈话，突然有人向我们走过来，非常有礼貌地问："对不起，请问你现在有时间吗?"在这种情况下，我们是被要求回答问题的一方，我们不可能继续谈话，必须先回答这个问题。因此，在与他人交谈的时候，一定不要让自己陷入被动，只有主动出击才能掌控谈话的主动权。

有一年，武汉某家电器厂就引进新设备的问题与美国电器公司开始了谈判。谈判过程中，在全部引进还是部分引进的问题上，双方相持不下，形成僵局。美方坚持全部引进的方案，而该公司为了既引进新设备，又为国家节约外汇，坚持部分引进生产线的方案。为了缓和气氛，武汉公司首席代表微笑着变换了话题说："贵公司的技术、设备和工程师是世界第一流的。你们用最好的设备帮助我们成为全国第一，这不但对我们有利，而且对你们更有利！但是我们外汇有限，国内有的就不需要再引进。现在其他国家也准备给我国北方的厂家投资，如果你们不尽快和我们达成协议，那么，你们势必会失掉中国市场，别人会笑话你们公司的。”

简单几句话产生了奇妙的作用，僵局被打破了，双方很快就达成了协议。在谈判中，经常会遇到这种局面。对手从一开始就先发制人，不接纳你的任何言辞，用“赶快回答我的问题”等言语，逼迫你回答某些不好回答的问题。这时，如果你不回答，对方就会指责你毫无诚意，面对这种情况，最好的办法是给予对方及时的回答，但同时又不能轻易接受对方的观点。这时，可以在回答完对方之后，主动提出新的话题掌握谈判的主动权。

另外，当他人提出一些要求的时候，该拒绝的就应马上拒绝。因为一旦你将说话的主动权交给对方，再想拒绝就会很难，因为对方不一定会再给你机会了。

日本成功学大师多湖辉讲过这样一个故事：在20世纪60年代末的学生运动发生期间，一天，某大学的教室里正在上课，一群学生运动积极分子闯了进来，使上课的教授手足无措。当着班上学生的面，教授想显示一点宽容和善解人意的风度，就决定先听一下学生讲些什么之后再说服他们。

结果与他的善良想法完全相反，学生们乘势向他提出许许多多的问题，把课堂搅得一团糟，再也上不成课了。并且这之后，只要他上课，就有激进派的学生出现在课堂上，这种情况持续了一年。

从这一教训中，教授悟到一条法则，即若无意接受对方，最好别想去说服他，对方一开口就主动拒绝他：“你们这是妨碍教学，赶快从教室里出去，与课堂无关的事，让我们课后再说！”

假如再发生同样的事，教授能否应付？就算他显示出了拒绝的态度，学生也会毫不理会地攻击他。如果一点也不听学生的质问，一开始就踩住话头，至少不会给对方以可乘之机，也不致弄得一年时间都上不好课。

交往过程中的交流应该是互动的，每一个人都应善于寻找合适的话题打破沉默，不管这种沉默是无意的还是有意设置的。这是一种自信的表现，也是一种能力。让人下不了台的事大多发生在人们料想不到的时候，但是，只要能及时、主动地转换角度，巧说妙解，就不但能给自己找个台阶，甚至能为生活增添一些乐趣。

有一对夫妻因小事争执不下，在家吵闹不休。正当妻子向丈夫大吼时，有一位朋友来访，丈夫尴尬得无地自容。好在妻子也顾及丈夫的面子，看朋友到来，连忙改口，但丈夫终究一时无法从窘境中摆脱。朋友见状，笑着说：“听你俩交流还挺热烈，我来得可真不是时候啊！”此话一出，其妻先红了脸，无语离去。丈夫马上和朋友调侃说：“打是亲骂是爱，我们刚才是在打情骂俏呢！别看她刚才那么凶，其实正表示她对我的关心，不信你问她。”这时，他的妻子从里屋出来，也与朋友打哈哈，争吵便化为云烟。

丈夫的“打是亲骂是爱”，把他和妻子的争吵说成是一种“亲”和“爱”，朋友自然不会信以为真，但这样转换了角度，给自己找了一个台阶，让自己不再处于被动的状态。这样一来，反而让人感觉争吵为夫妻二人的生活增加了一些生活情趣。朋友走后，估计他们也不会再争吵了。

在与人交往的过程中，如果能主动打破沉默，就能避免尴尬，与人相处起来就很愉快。

交谈中，藏好你的优越感

“锦衣夜行”意思是夜里穿着华丽的衣服走路，这是说一个人有了荣华富贵也不要在人前展现。

在说话的艺术里面，类似的道理也适用。如果我们在某方面有过人之处，那么我们在言谈中最好能收敛一点儿，不要处处谈论自己的优势，不要处处显露自己的优越感。这是有教养的体现，也是对别人情绪的照顾。在某种意义上，这样还能保护自己。枪打出头鸟的道理，相信大家都明白。

法国哲学家罗西法古说：“如果你要得到仇人，就表现得比你的朋友优越吧；如果你要得到朋友，就要让你的朋友表现得比你优越。”这句话真是至理名言。

当我们的朋友在言谈中表现得比我们优越时，他们会有一种重要人物的感觉，但是，如果我们的言谈表现得比他们还要优越，那落差就产生了，他们就会产生一种自卑感，转而羡慕和嫉妒，甚至还会生出恨意。

很多时候，优越感还会使自己处于尴尬境地。因为你表现得很优越，但别人并不买你的账，或者你以为自己在某个人面前很优越，但是事实上，别人比你更为强大、更为优越，那你只能尴尬，自取其辱了。

孔门十哲之一子贡有一次去承地时，看见路边有一个衣衫褴褛、脏兮兮的人，问了名字，方知道他名叫丹绰。子贡上前，他想自己有一万个理由来表现自己的优越：自己衣着光鲜，轻车快马，学富五车，而丹绰只是个流浪汉。于是子贡用轻率的口气，漫不经心地问道："喂，这里到承地还有多远？"

丹绰默不作答。

子贡见丹绰不理他，不高兴地说："别人问你，你却不回答，是否失礼？"

丹绰掀开身上裹着的破布说："看见别人却心存轻视之意，是否有失厚道？看见熟人却装作不认识，是否有欠聪明？无故轻视侮辱别人，是否有伤道义？"

子贡一听此人出言不凡，顿时心生敬意，马上下车，恭恭敬敬地说："我确实失礼了！您刚才指出了我三大过失，您还可以再告诉我一些吗？"

丹绰说："这些对你已经足够了，我不必再告诉你。"

此后，子贡对人再也不敢起轻视之心，在路上遇到两个人就在车上行礼，遇到五个人就下车行礼。

子贡以为自己很优越从而轻慢了一位哲人，所以他非但没有展现出优越感，反而被丹绰羞辱了一番，十分尴尬。但是好在子贡能立即认识到自己的错误，收起了自己优越感。

其实，我们中的大多数人在人际交往中，都会不自觉地让自己的优越感有所收敛，我们会掩饰自己的优越感，或者努力在客观的优越中不滋生主观的优越感，在身心内外的两个世界中找到平衡的支点。因为我们作为社会人，需要朋友，需要认同，那么只有收起自己的长处，才能让自己“泯然众人”，以便最大限度地寻找与他人的共性，从而融入群体、融入社会。

但是，为何还有那么多人在社交中不掩饰自己的优越感呢？那是因为每个人都有虚荣心，都想向别人炫耀自己的成就，这种情绪可以说是本能。但是优越感有时候却不是一个好东西，它会使人们对你敬而远之，它会使你逐渐失去朋友。优越感其实是很轻浮的一种自我意识，尤其是在你与他人交往的时候。

我们要做到的就是比别人优越，但是不要表现得比别人优越，就如19世纪英国政治家斐尔爵士告诫那些向他求教的人说：“如果可能的话，要比别人聪明，却不要告诉人家你比他聪明。”

村子里有一个小孩，非常愚笨，大家都喜欢看他的笑话，逗他玩，他也从来不反驳。

一天，几个人又把他围住，开始逗他。他们扔了一张面值5元、一张面值10元的钱在地上，让小孩捡起来，随便捡起来哪张都可以拿回家。笨小孩蹲了下去，把5元的那一张捡了起来，就回家了。于是大家开始变本加厉地说着小孩多么笨、多么傻，然后常常拿捡钱的把戏来嘲笑他。

转眼10年过去了，笨小孩到了考大学的年龄，大家都不看好他，觉得他就是去充数的。但是考完试一个多月后，全村只有笨小孩一人收到了录取通知书，全村人都惊呆了，不敢相信这个事实。他上大学的那天，和他要好的朋友问他，“你学习这么好，可是当年怎么那么傻?”

笨小孩笑着说：“我爹娘天天干活顾不上我，大家都逗我玩，那么多双眼睛看着我，我娘就放心让我出来玩啦。”

“那为何每次你都只捡5元的钱，不捡10元的钱?”朋友又问道。

笨小孩哈哈大笑，说道：“我要是捡了10元的钱，那以后就没人让我捡钱啦，只有我一直不停地捡5元的钱，那些大人才会一次一次让我捡钱啊。”

毫无疑问，这个“笨小孩”其实并不笨，他比其他人都聪明，但是他从来都不表现得比别人聪明。于是乎，他反而为自己赢得了方便，甚至赢得了利益。

事实上，即使是有真才实学的人，如果以自己的才能为傲，不停地向别人展示自己的优越，那么他的才能也只会为他带来悲哀；一个只想着炫耀的人，不管他是否真有才华，也不管他有多么崇高的身份地位，终究也将会因过度表现而自曝其短，遭人耻笑。大智若愚的人经常给人惊艳，谦虚内敛的人总是让人钦服，狂妄傲慢的人则由于无知容易成为人们的笑柄。

第二章

会说话，再大的矛盾也不怕

小心一时冲动，说出过激的话

人都是情绪化的动物，常常会因为一些情绪把别人弄得丈二和尚摸不着头脑。若是偶尔一两次，别人会包容你、让着你，但日子久了，再亲的人也难免会心生厌烦，这些情绪自然就成了人际关系中不稳定的因素。尤其对于一些容易冲动的人，在愤怒时控制不住自己，经常说一些过激的话。可言多必失，也许有时连你自己都不会知道到底哪句话把别人给得罪了。

北大国学大师翟鸿燊曾说过："强者让行为控制情绪，弱者让情绪控制行为。"的确，我们在人际交往过程中，千万不要因一时冲动，便以尖酸刻薄之言去讽刺、伤害别人。这也许让自己一时痛快了，殊不知会引来意想不到的灾祸。

大学毕业后单珞进了一家上市公司工作，由于公司发展得越来越好，单珞一直没有换过公司。眼看他的工龄就要满 4 年了，而且在工作期间，单珞做得多、说得少，即使有人说了对他不利的话，他也觉得只要问心无愧，就无所谓，所以一直备受公司器重。

然而有一天，老总忽然怒气冲冲地来到他的办公桌前，扔下一摞文件："你也算公司的老员工了，怎么工作上还犯这种错误，你看看你写的这份报告！"

单珞莫名其妙，他扫了一眼文件，署名是自己，但里面内容明显不是自己做的。于是他如释重负地说："这个报告不是我写的。"

"明明写着你的名字，你跟我说不是你写的？你以为我不认识字啊！你就算推卸责任也应该找一个像样点儿的借口啊！"老总大怒。

单珞非常生气，自己在公司工作这么长时间，他的为人老总还不清楚吗？他是那种推卸责任的人吗？再说即使这文件是自己写的，出了差错，老总也不至于这么不给他留情面，当着大家的面对他又吼又叫。于是在怒火的控制下，他做了一个令自己后悔的决定。他强压住怒气对老总说："对不起，你没理由训我。"

"为什么？"

"我现在要辞职，马上。"

上司更怒："那这报告怎么办？你犯了错就一走了之，我的损失谁来赔？"

"你爱找谁找谁。"单珞生气地骂了句脏话，就毅然决然地走了。

一年之后，单珞偶然间再次碰到了之前的那位老总，他这才知道，原来当初公司决定派他去公司分部做经理，觉得他的工作能力没什么好挑的，就是不知道他遇到特殊情况的应急能力如何，所以才故意设了一个场景来考验他……

单珞追悔莫及，但却为时已晚。

古语云："小不忍则乱大谋。"单珞就是因为自己一时咽不下那口气，没控制住自己的愤怒情绪，而白白葬送了很好的一个工作机会。如果他能够控制自己的情绪，管住自己的嘴巴，就不会说出那些过激的话，也就不会因此失去这份工作。

要知道，控制不住自己的情绪，说话不注意，不仅会伤人的面子，还会破坏朋友之间的友情，倘若是不熟悉的人，恐怕还会徒增怨恨。中国有很多俗语，比如"沉默是金""少说为佳""乌龟有肉在肚里""半罐水响叮当"等，蕴藏着十分高深的处世哲学，都是告诉我们不要因一时的情绪失控而说出一些恶言恶语。

李森和彭宇是速递公司的两名职员。他俩是工作搭档，干起事来一直都很认真，也很卖力。领导一直对他俩很满意，但一件瓷器的出现却改变了他俩的命运。

李森和彭宇负责把一件很贵重的瓷器送到码头，老板反复叮嘱他们要小心。不料，送货车坏在了半路。彭宇生气地说："出门之前你怎么不把车检查一下。"李森见车坏在了半路，自然也很生气，但是他面对彭宇的指责什么也没说，只是背起邮包，一路小跑。天气很热，李森头上的汗水滴落到了衣服上，彭宇看见后，小声说："邮包给我吧，我背一会儿。"可就在李森把邮包递给彭宇的瞬间，彭宇的手一滑，邮包掉在了地上。“哗啦”一声，瓷器碎了。

“你怎么搞的，怎么连个邮包都接不住!”李森生气地大喊。

“我刚刚接住，还没抓牢，谁知道你就放手了。”彭宇也生气地辩解道，他的声音更大，引得马路上的行人频频回头。

李森知道事情的严重性。这个时候，大喊大叫地指责彭宇的错误是没有用的，关键是怎么才能把事情解决。

李森控制好自己的情绪，对彭宇说：“现在出现了这个情况，咱俩怎么去面对客户呢？追究是谁的责任已经不重要了。”彭宇见李森态度缓和了下来，就说：“要不咱们去和客户赔礼道歉，咱们又不是故意的。”其实，彭宇何尝不知道是自己的问题，可如果当时李森咬住彭宇的错处不松口，那么彭宇出于本能，一定会说是李森在自己没抓牢的时候放手，最后，两个人谁都脱不了干系。后来，虽然彭宇因为打碎了邮包里的瓷器做出了赔偿，但是他赔得心服口服。

事实往往如此，人都有自我防御的心理，就算我们手握证据，但如果把他人逼到死角，注定会遭到他人的反扑，最后可能会两败俱伤。这样的事情时有发生。但如果我们能控制住自己的情绪，站在过错方的立场与角度去和对方进行沟通，那么相信对方在欣然接受的同时，也会采取相应的态度和办法，为自己的错误做出整改以及修正。

生活中，拥有好口才的人绝不会因为一时的冲动而让自己陷于不义之中。激动、愤怒这些情绪总会让人口不对心，也往往会让人说出一些尖酸刻薄的话语，在无形当中就中伤了他人。所以，我们在冲动的情况下，要学会控制自己的情绪，管好自己的嘴巴，这样才不会四处树敌，给自己带来更多的困扰。

及时补救口误，弥补不利局面

说出去的话，泼出去的水。虽然说出去的错话很难收回来，但也并不是毫无办法，只要掌握许多处事的技巧，就可以将口误修补得天衣无缝。

丽莎是一名空中小姐，平时非常注重语言的学习，她们经常要接受一些特别的训练。但尽管这样，在平时的工作中，出现口误也是在所难免的。

有一次，丽莎和往常一样本着顾客至上的服务精神，诚挚地服务顾客。

当她向一对外籍夫妇询问他们的幼儿是否需要早餐时，那位男乘客礼貌地用中文回答说："不用了，我们孩子吃的是人奶。"

此时丽莎却没有听清他的回答，为表诚意，她又补充了一句说："哦，是这样，如果您孩子需要用餐，随时通知我就行了。"

男乘客被丽莎的话惊呆了，片刻后大笑起来。丽莎也因为自己的口误而尴尬起来，站在原地，不知如何是好。

与人交际过程中，确实难以避免口误。虽然其中的原因各有不同，但造成的结果却大同小异，要么贻笑大方，要么纠纷四起。

基于口误造成的后果有时会很严重，在口误产生之后，一定要认真思考，并且用合适的语言弥补，挽回自己的面子。

现实生活中，死要面子活受罪的人比比皆是。他们认为及时纠正、弥补自己的口误是懦弱的表现，因此，他们宁愿继续错下去，也不会承认自己的失误，可殊不知这样结果可能更不好。

1976 年 10 月 6 日，美国专门为总统的选举举办了一次辩论会，福特总统及其竞争对手卡特参与了辩论。福特总统在《纽约时报》记者马克斯·佛朗肯关于波兰问题的质问下，做了“波兰并未受苏联控制”的回答，并强调了“苏联强权控制东欧的事实并不存在”。

福特总统的错误显而易见，当时马克斯·佛朗肯及其他很多记者立刻提出了质疑，反驳他的解释。起初，马克斯·佛朗肯的反驳语气还比较委婉，希望福特可以借此更正自己的话语。

明智的人会立即弥补自己的口误，可福特总统却没有这样做。他觉得自己身为一国总统，在全国观众前承认错误很丢脸，是不明智的做法，于是，他决定继续错下去。教训当然是沉重的。

选举辩论会结束后，各电台、报纸、杂志都刊登了这次电视辩论会的内容，都是福特失策的报道，他们不由得问："难道福特总统是个不折不扣的傻瓜吗？为什么他要像驴子一样顽固不化呢？"卡特一再地抓住福特的口误，使得福特的口误在当时闹得沸沸扬扬。

聪明的人都不会在口误面前强词夺理，一般都会坦白地承认，并及时给予补救，或许在别人还没有发现他们的口误时，就用长篇大论的真理将自己的过失掩盖了。这种做法不但弥补了过错，还让他人为其豁达的胸怀钦佩不已。

与福特总统相比，美国另一位总统的表现就要好得多。

有一次，美国总统里根去访问巴西，在欢迎宴会上，他出现了严重的口误。他说道："女士们，先生们，大家好！今天，真的为能访问玻利维亚而高兴。"

当他讲完这句话后，在场的人都吃惊不小，里根的助手在一旁提示他出现了口误，里根立即改口说道："很抱歉，前不久我们访问过玻利维亚。"

事实上，他并没有访问过玻利维亚，但是为了补救这次错误，他撒了一个小谎。在场的所有人都还没真正去计较这个口误时，他那滔滔不绝的长篇大论已经淹没了他的口误。这种弥补口误的方法，在某种程度上给自己保全了面子。

通常情况下，弥补口误有以下三种方法值得人们借鉴：

1．转移法

所谓转移法，就是将说错的话从自己转移给别人。例如：

“这是某些人的观点，而我却不这样认为，我认为……才是正确的。”这样一来就给自己弥补口误创造了一个很好的机会。即使别人意识到了你的这一过失，可你这么一说，对方也不会抓住你的“尾巴”不放，因为你说的话并没有什么不对。

2. 转折法

所谓的转折法，意思是说不要在出错的地方继续纠缠下去，应立即转移话题，避免越陷越深。然后，再在错误言辞后面接上一句：“然而正确说法应是……”或者是：“刚才的说法不够严谨的地方，还应加以补充……”这样一来也就将口误甩到了一边，迅速换成自己的正确想法。

3. 意思延伸法

意思延伸法，即把错误的言论不断引导成正确的结论。当你意识到自己发生了口误时，索性将错就错，然后把你原先错误的意思转变成其他含义，使之逐渐走向正确。值得注意的是，在进行延伸的过程中，一定要选用恰当的言辞，避免弄巧成拙。

话不投机时，要赶紧转弯

在生活中，我们总是喜欢和那些与我们有共同话题的人进行交流。但是，如果遇到一个话不投机的人，就会变得十分尴尬，因为双方无法找到可以进行交流的共同点。这时，如果及时转移话题，双方走入僵局的交流就会“起死回生”。这时，双方会因为同频信息的出现而变得相谈甚欢，双方之间的交流也会从抵触变得顺畅。

然而，话不投机有多种情况。所以，我们在进行话题转移时必须因情况而异，而不要无原则地乱说。下面就是话不投机的几种常见情况：

第一，当某种言谈举止使人为难时，就要及时转换话题，协调气氛。

两个学生去拜访老师，在谈话中一位学生说：

“老师，听说您的夫人是教英语的，我们想请她指教一下，行吗？”

老师为难地沉默了片刻，说：“那是我以前的爱人，前不久分手了。”

“哦？对不起，老师……”

“没什么，喝点水吧。”

“老师，您的书什么时候出版？快了吧……”

这样转换话题，特别是提出对方很愿意谈的话题，就会很快地消除之前由于言语不慎而产生的不愉快。这样，双方的交流就会很快恢复正常，气氛也会变得活跃起来。

第二，双方意见对立谈不拢，但问题还是要解决，不能回避。这种情况就需要绕路引导。联系工作，洽谈生意，也可能话不投机，陷入僵局。但只要还有余地，就可提出新的话题，绕弯引导。

例如，甲方推销载重四吨的卡车，而乙方不要载重四吨的，想要载重两吨的。这时，甲方若硬着头皮争执，只会越谈越僵，不欢而散；如能转移话题，绕弯引导，从季节、路途、载重多少与车辆寿命长短等各种因素来分析，促使乙方考虑用载重两吨卡车的弊病，或许能“柳暗花明又一村”。

第三，在说话过程中，当对方有意无意地触到我们心中的隐痛、忌讳或者自己不愿回答的问题时，如果一时没有好办法应答，那么，就干脆避而不答；或者沉默不语，表示无声的抗议；或者转移话题，使在场者的注意力从自己身上挪开。问话者见对方对其问题不予理睬，在尴尬的同时会很快意识到自己的鲁莽和无礼，从而不再追问。

与他人交往时，我们经常会遇到话不投机的情况。这种情况有时是由他人造成的，有时是自己造成的。但无论起因于谁，都会导致双方交流受阻，甚至是碰撞。对此，我们应该学会适时地转移话题，让自己从尴尬中迅速摆脱出来。

只有忍让能阻止争论

有句话说："得饶人处且饶人。"在人与人的交流过程中，忍让是比较重要的，这样可以避免一些不必要的争论。任何人都会出现失误和过错，别人无意间造成的过错应充分谅解，不必计较无关大局的小事。忍让一步，才能海阔天空。聪明的人，不会一味地争强好胜，在必要的时候，宁愿后退一步，避其锋芒，不仅能赢得旁观者的尊重，更能赢得对手的尊重。

古希腊神话中有一位大英雄叫海格力斯。一天，他走在坎坷不平的山路上，发现脚边有个袋子似的东西很碍脚，于是踩了那东西一脚。谁知那东西不但没被踩破，反而膨胀起来，加倍地扩大着。海格力斯恼羞成怒，操起一根碗口粗的木棒砸它，那东西竟然膨胀到把路给堵死了。正在这时，山中走出一位圣人，对海格力斯说："朋友，快别动它，忘了它，离开它远去吧！它叫仇恨袋，你不犯它，它便小如当初；你侵犯它，它就会膨胀起来，挡住你的路，与你敌对到底。"

其实，我们也经常犯和海格力斯一样的错误，遇到矛盾时，不愿意吃亏，据理力争，死要面子，认为忍让就是没了面子、失了尊严，最终使矛盾不断升级，进而激化。说话也是一样，忍让并不是不要尊严，而是成熟、冷静、理智、心胸豁达的表现。在和他人发生争执的时候，一时退让可以换来别人的感激和尊重，避免矛盾的加深。

清代中期，有个“六尺巷”的故事。据说当朝大臣张廷玉与一位姓叶的侍郎都是安徽桐城人。两家比邻而居，都要起房造屋，为争地皮发生了争执。张老夫人便修书北京，要张廷玉出面干预。张廷玉到底见识不凡，看罢来信，立即作诗劝导老夫人：“千里家书只为墙，让他三尺又何妨？万里长城今犹在，不见当年秦始皇。”张母见书明理，立即把墙主动退后三尺；叶家见此情景，深感惭愧，也马上把墙让后三尺。这样，张叶两家的院墙之间，就形成了六尺宽的巷道，成了有名的“六尺巷”。

张廷玉失去的是祖传的几分宅基地，换来的却是邻里和睦及流芳百世的美名。凡事均有长有短、有利有弊、有胜有败，更何况是千变万化的人生。在处理争端与矛盾时，为何不多想一下：忍让才能有效地避免争论。那些邻里纷争，亲友反目，静下心来仔细想想，会觉得可笑甚至荒谬。难道你愿意成为旁观者斜眼笑谈的主角？那么，各退一步，化干戈为玉帛，又何乐而不为呢？

忍他人之不能忍，方为人上之人。忍，实在是一种高深的处世之道。小忍可以避免争端，大忍可以大事化小，并且可以修身养性。要以宽广的心胸去待人处世，逐步养成宽怀大度的品质。聪明的人应该学会忍让，减少争论，不做“嘴巴不饶人”的辣椒。

退一步海阔天空，如果我们遇事给自己五分钟时间，冷静思考，就可以拥有更开阔的心境，做出更加睿智的决策，减少冲突与不愉快事件的发生。人生有时就像过独木桥，这次你退一步，下次你就可能得到进一步的机会。

> 小明家后面有块田，紧挨着马路，马路边上住着一户人家。自从他家买了汽车后，就一直侵占小明家的田。小明的家人看不下去了，就找到那户人家理论，说：“你们为什么要占用我们家的田？”对方则回答说：“那块地空着，没有人用，你们家又没有汽车，所以我们家就用了……”“就你们家有汽车呀，在这显摆什么呀，又不是什么好车……”你一言我一语地争论不休，后来村主任来了，才把两家人劝开。后来小明家用篱笆把田围了起来，结果那户人家又和小明家吵起来了，越吵越烈，甚至大打出手。

邻里之间本来就应和睦相处，正所谓远亲不如近邻。假如彼此都忍让一些，事情就不会弄得这么僵，也不会将吵架升级为打架。退让并不是认输，而是一种人际交流的重要方式。一方的妥协可以换来另一方对其的尊重，会收到意想不到的效果。

忍让容易化解矛盾与冲突，让人在风云变幻时三思而行，避免无意义的争执。退一步进两步，大进小退，在波浪起伏中螺旋上升。而不知退让，互相顶牛，最大的可能是两败俱伤。要深刻认识忍让能够阻止争论这个道理，在工作和生活中真正做到忍让，与人为善，降低和他人发生争论的概率。当然，强调忍让，降低争论的发生，绝不是主张不讲原则地退让放纵。对那些令人痛恨的歪风邪气和恶人恶事，决不能姑息养奸，而必须从严惩处，这是毫无疑问的。

面对挑衅，忽视并岔开话题

在人际交往中，许多话题都具有即时性，是群体中的人随性而想到的。若是在谈及这些话题的时候突然被打断或者是并没有得到足够的重视，那么这个话题则会被淹没在其他话题中，不再被深度探讨。所以，在面对来自他人言语方面的挑衅时，忽视并岔开话题是巧妙化解窘境、扭转局面的良策。

那么，我们具体应该如何做到忽视并岔开话题呢？下面我们将通过几个事例来加以说明。

小李结婚，在单位发喜糖，大家都喜气洋洋地凑在一起吃喜糖。刚巧该单位有一位尚未结婚的33岁大龄女青年小王。中年科员老孙平时跟小王有些矛盾，于是便想趁机当众奚落她一下，于是对那名女青年说："小王啊，你比人家大了有10岁吧？你还准备把自己剩到什么时候啊？别到时候成了老姑娘，就没人要了。"小王听了她的话，脸上挂不住，但马上若无其事地对老孙说道："嗯，好像是。哎，小李，你是属什么的？"小李说："我属鸡。”小王说：“哦，那你老公属什么呀？我听人说过好像属鸡的和属蛇的是叫‘龙凤配’……”接着大家就顺着属相问题聊到了其他事情上面。

这位大龄未婚女青年小王在大庭广众之下被别人奚落，处境确实十分尴尬，如果回答得不恰当就有可能引起大家的闲话。但小王采取了忽视老孙的话题并将话题转移到另外一件事情上的方法，大家也明白小王不愿意谈及这个话题，所以不再追问，于是小王就自然而然地摆脱了尴尬。

小磊因为身体比较肥胖，经常被同学当作取笑的对象。一天，小磊刚走进教室，同学王亮和孙明就开始“大冬瓜、大冬瓜”地叫他了，还时不时地朝小磊做出不怀好意的笑脸。这样的行为实在是有些过分，小磊感到愤怒不已。但这时小磊若是愤怒地去制止他们，定会爆发激烈的冲突，不仅会损害同学之间的关系，而且还会正中他们的下怀、合了他们的意。于是小磊稳定了一下情绪，若无其事地走了过去，走到王亮和孙明旁边的时候，煞有介事地说道：“咦，王亮，你有一米八高吗？”随后，一边坐下一边漫不经心地问道：“孙明，早上吃的什么？”全然不理会二人的无礼行为。王亮和孙明见此情况，愣了，一时竟不知如何是好，好不尴尬。这时，同学们哄堂大笑，为王亮和孙明的行为画上了句号。

小磊面对王亮和孙明的无礼嘲弄，采取了忽视并岔开话题的方式，使二人意识到自己的失礼，同时也表明了自己无视他们嘲笑的态度，使二人的嘲笑变得毫无意义。可见，有时候，忽视别人的言语挑衅并岔开话题，是我们摆脱窘境、化解尴尬的有效方法。

当我们说出令别人感到出乎意料的话时，他人就会瞬间进入一种思考停顿的状态。因为我们的话说得突然而没有来由，所以对方的大脑就会陷入空白。心理学的数据也显示，当出现预料之外的事件，或者他人给出意想不到的回答时，人的大脑就会处于一种无法及时应对的状态，会陷入恐慌，无所适从。

因此，化解他人对我们的言语攻击或刻意挑衅，只要适时地采用忽视并岔开话题的方式，就能很好地避开窘境。

例如，“你们竟然卖这种劣质产品给我们！叫你们老板出来！”当客户跑到店里来责难时，你跑上前对对方说：“哎呀，外面正在下雨，从车站走到这里来，一定很不容易吧？我给您倒点热咖啡吧？”对方听到如此温柔而且与自己的愤怒言辞完全无关的话语，定会稍稍冷静下来，不再怒气冲天。

> 在日本学生运动非常激烈的年代，经常可以看到学生批判教授的场景。许多学生聚集在讲堂周围，对教授们怒声呵斥，目的是要让对方听取自己的主张。
>
> 那时曾经有过这样一段小插曲。当大多数教授被学生们的气势所压倒，只是默不作声地低着头的时候，一位教授朝着身边大吵大嚷的学生感叹道：“年轻真好啊！”“你们看起来真是充满了青春的活力！”……既表现了自

己大无畏的精神，又化解了学生们的敌意。

这位教授面对学生们的恶语相向，并没有像其他教授那样低头忍受，也没有奋起反抗，而是采用无视学生们的态度，转移话题的说话方式，使自己保有了尊严，化解了敌意。沉默是最大的蔑视，当你不对对方的挑衅做出任何相应的反应时，那么对方的恶语也就得到了极大程度的蔑视。所以，面对言语挑衅，忽视并岔开话题是使自己摆脱窘境的有效方法。

对于一些情绪激动的人来说，一旦发作起来，就很难自动平静下来，需要一定的外部条件才能使他们有所觉醒。当我们面对这样的人的时候，若是与之针锋相对，吵嚷起来，恐怕不但不会使事情得以缓解，反而会加重事态，给我们造成不必要的损失。所以，这时候，最好是能用和缓的方式使对方平静下来，这将会使我们在对双方造成最小伤害的情况下化解矛盾，摆脱尴尬。

总而言之，适时地将对方的言语挑衅忽视并转移话题，会使对方在一定程度上冷静下来并意识到自己的失礼。这时候，我们的态度得到了表明，尴尬的窘境也得到了化解，可以说这是在面对挑衅时有效扭转不友善局面的良策。

面对埋怨，不妨高抬对方

当一个人心有怨愤的时候，往往逆反心理比平常时强烈。在其诉说心中怨愤的时候，若是遭到批判，只会加重他心中的怨气，内心脆弱的人甚至会感到孤独绝望，从而造成不可挽回的后果。所以，面对他人的埋怨时，不妨适时高抬对方，使对方感到自己被肯定、被尊重，从而化解对方的怨气，同时也避免使自己陷入窘境。

小周的妻子什么都很好，就是虚荣心太强。有一次，小周的一位好朋友结婚，邀请小周夫妻俩出席。小周妻子就缠着小周要买一顶昂贵的花帽。此时他们家正处于"经济危机"中，小周自然不愿多花这无谓的钱。于是两人争吵了起来，争吵中，小周的妻子说："你看人家小兰和小于的爱人多大方，她俩说买，二话没说就给她们买了，哪像你，小气鬼!"小周不愿跟妻子继续争论下去，转念一想，说："那是啊，她们俩有你漂亮吗？她们俩要是有你这么美得冒泡，还用买帽子来打扮吗?"小周太太一听这话，"扑哧"一笑，转怒为喜，一场争吵就这样化解了。

小周面对妻子的埋怨，并没有大动肝火，理论一番，而是运用高抬对方的说话方式，让妻子的虚荣心得到了一定的满足，顺利地化解了矛盾。

他人对我们心生埋怨，大多是认为我们能力不足或做得不够好。这时，适当夸张地高抬对方的某些方面，让对方觉得不是我们不够好，而是对方太优秀、太好了，可以对我们摆脱窘境起到意想不到的作用。

小玲是某百货公司时装专柜的售货员，接待的顾客多了自然也免不了听到抱怨与不满。刚开始时，小玲一点就着，听到这些负面话语就尴尬万分，一肚子气，甚至有时候还给顾客甩脸子。渐渐地，顾客自然就少了。这时小玲开始反思了，认为自己的方法确实不对。于是，当再听到顾客的指责、抱怨时，小玲就换了应对的说话方式。这天，一位身材略微有些发福的中年女性来到小玲的专柜，小玲给她拿了几件衣服。她试完后，感到都不满意，渐渐地也有点不耐烦了，抱怨说："唉，你们这儿就这么几件衣服吗？还是不舍得给我拿出来？"这明显是在指责小玲服务不周。小玲见状，并没有像以前那样与之针锋相对，而是说："哪里，您可冤枉我了。我是看您气质比较高贵，就先拿出了几件比较衬您气质的，您要是不满意，我再去给您多拿些款式过来，您稍等。"

小玲面对顾客的埋怨与指责，并没有大动肝火，而是将对方抬高，说对方“气质高贵”，并以此作为自己没能让对方满意的原因。想来那位顾客不会拒绝小玲的这一评价，自然也就消了气，小玲也顺利使自己摆脱了窘境。

当人们在表达他们的不满或抱怨时，心里已经存在一定的怒气了，这时，如果再对他们加以指责，会让他们感到更加委屈与愤怒。对于女性来说，尤其如此。但是，若能在他人埋怨时把握时机，针对对方的优点将对方高抬，甚至略有夸张也无妨，他们便会感到自己得到了肯定，负面情绪也会随之一扫而光。

老林在市电视台工作，最近电视台策划了一档选秀节目，老林是负责人。老高是老林的好朋友，同时也是传媒界的人。老高知道老林负责的这档节目以后，对于老林没有给他个评委当当颇有怨言。一天，老高见到了老林，向老林抱怨说：“你也太不够意思了，早就跟你说过我想弄个评委当当，这么好的机会你却不安排，你什么意思啊？”老林见状，总不能直说老高没有当评委的资格吧？于是和颜悦色地说：“我怎么会忘了你呢？只是这种选秀节目太小儿科了，根本显不出档次来，你去当评委会使你在传媒界的威信受损的。放心，有好的机会我不会忘你的。”

老林面对老高的抱怨，适时将老高身价抬高，既解决了自己的窘境，又化解了老高的怒气，维护了朋友关系。由此可见，高抬对方的说话方式，可以很好地达到化解埋怨、摆脱窘境的目的。

夫妻之间难免有磕磕绊绊，吵架拌嘴也是常有的事。这时，面对对方的埋怨，我们可以向上述事例中的小周一样，适时将对方高抬，既幽默有趣，又化解了彼此的怒气。本来小两口吵架就不记仇，一句夸张地将对方抬高的话，就能使彼此破涕为笑，握手言和。

顾客是上帝，商家在面对“上帝”的埋怨时，更得谨慎选择说话方式。将对方高抬的说话方式在奉承、取悦“上帝”的同时，也使矛盾与尴尬得到了化解，可谓一举两得。

老朋友之间，虽然坦诚相见是必需的，但有时候互相赞美也是少不了的，特别是在面对对方的埋怨的时候，把对方进行适当地抬高，对方即使察觉了，也并不会戳穿你的“诡计”。即使戳穿了你的“诡计”，也会谅解你的。

总而言之，面对他人的埋怨，我们要根据具体情况来选择高抬对方的哪一方面，使对方处于一定的高度，得到一定的满足，从而原谅我们，达到我们摆脱窘境的目的。

第三章

面对为难请求，拒绝其实并不难

如果不想吃亏，就果断拒绝对方

“吃亏”一词在词典中的解释为“遭受不公正待遇”。在人际关系的范畴中，吃亏是指被动接受本身不愿接受的事物。其实，日常生活中，偶尔吃些小亏，也是正常之事，只是当我们自己“吃亏过多”时，就应该考虑是不是因为自己太想做好人，才会使自己习惯性地接受“吃亏”。

如果确实是因为自己扮演了“老好人”的角色而使自己吃亏，那么，我们就要想办法最大限度地避免吃亏，以使自己心理平衡。那么，能够尽量避免吃亏、使我们自主掌控人生的方法究竟是什么呢？没错儿，就是拒绝。若想在自己的人生舞台上出演主人翁的角色，我们就不能再坐以待毙，不能再对“吃亏”一事逆来顺受。从这一刻起，我们要学会拒绝。

能力出众的程序员闵竹在公司一向被大家称为“多面手”。每每公司推出新的项目，虽然所有人都在忙碌，但每个人的工作进度都没有什么明显进展。然而，一旦临近任务交付期，大家便都会对闵竹的工作进展倍加关心。如果闵竹及时地完成了自己的工作任务，大家就会纷纷请求她的帮助，最后闵竹简直成了“超人”，她几乎要承担起所有的事情。

当项目结束以后，部门同事会不约而同地用“了不起”“真棒”等词对闵竹大加称赞；但是，一旦出现错误，人们又都会埋怨她。面对过分繁重的附加工作以及同事们不谢反怨的态度，闵竹虽然一直非常恼火，但在不知不觉中，接受他人请求已经成了她的一种习惯。

一次，闵竹在同时帮助众多同事处理工作的过程中，犯下了一个致命错误。其实，以闵竹的工作状态，出现这类问题绝非偶然之事。这次错误使闵竹背负了写检讨、扣奖金等一系列处罚，她为此付出了惨痛的代价。

问题出现以后，那些曾经受到过帮助的同事适时为闵竹送去了安慰，同时也对她一直以来的工作表现给予了高度评价。但令人始料不及的是，闵竹所在的公司却突然陷入经营危机，而紧随其后的就是所有人都不愿面对的减员问题。在这场减员运动中，闵竹因为这次错误以及自己的临时工身份，最终失去了来之不易的工作。

此后，闵竹更换了许多工作，但由于多种原因，加之年龄也在不断增长，使她始终未能跻身于公司正式职员之列。其实，与他人相比，闵竹在能力方面、在工作态度方面，都具有很大的优势，但她失去的反而更多。她失去的不仅是自信、青春、值得炫耀的工作经验、朝夕相处的同事，还有人生之中最为重要的、能够带给自己快乐的公司生活。

当然，走到这一步，最主要的责任在闵竹。当闵竹回顾往日经历时，她才猛然发现，自己所走的每一步似乎都与“吃亏”二字形影不离，这不禁令闵竹感到非常懊恼。可是，为什么闵竹总是会选择“吃亏”呢？

事实上，一直影响闵竹人生境况的“吃亏”，与某日突然遭受某人伤害的“吃亏”，在性质上大有不同。也就是说，闵竹陷入这种窘迫境地根本怨不得别人，她完全是自食其果。为什么要接受同事不合理的请求？就算能力允许，可以为他们提供帮助，但最起码也要通过正常程序进行交接吧，如果是这样，闵竹又怎么会平白无故地吃“哑巴亏”呢？在面对同事们的附加要求时，她为什么不拒绝呢？

每日为工作奔波的闵竹，只不过是个普通人，她“放任”自己一味吃亏，最后落得一无所得。其实在我们的生活中，认为自己一直在人生舞台上扮演着吃亏角色的人，远比我们想象的要多。

那么，很多人为什么“放任”自己一味吃亏呢？究其原因，主要是“不好意思”的心理在作怪。有些时候，我们本想拒绝，心里很不乐意，但碍于一时的情面，却点了头，结果给自己留下长久的不快。所以，如果并非心甘情愿，就一定要坚决“拒绝”。拒绝虽然会使对方感到不高兴，但是为了能够成为自己人生中的主角，应该拒绝的事情，我们就要果断地予以拒绝。

当然，我们也不可不分状况地一味回绝对方。我们应以熟练的拒绝技巧为基础，准确判断当前状况是否适合做出拒绝，要在对方能够接受的情况下，合理维护自身利益。

因为只有当我们感觉自己完全可以自主选择时，人生才会变得更为轻松，我们也才能够挖掘出自身更多潜力。如果我们不善于拒绝他人的请求，就会感到自己的人生正被他人所牵制，丝毫不受自身控制。因此，我们要培养自己无论在任何情况下都能合理做出拒绝的自信心。

拒绝别人的时候，首先，要注意拒绝的原则。拒绝的原则可以分为三类：一是要拒绝请求的具体内容。二是拒绝不针对人，而是针对请求。三是不能由他人代替，必须由“我”亲自拒绝。我们只要时刻铭记这三种拒绝原则，在处理人际关系时，就不会因为拒绝而产生不必要的误会或矛盾。

其次，拒绝别人后不要心怀愧疚，因为如果拒绝得当，对方即使被拒绝，也不会感到不高兴。正因如此，有些人在受到拒绝的情况下，依然心情舒畅；反之，有些人尽管得到了应允，但心情却会显得黯然低落。

当然，如果理应拒绝的事项，自然就要果断拒绝，但与此同时，对于对方的心情、价值及重要性，我们必须加以肯定。这样，即便是遭到拒绝，对方也不会生气或是忧郁。

只要我们能够做到上面这两点，在以后的人际关系之中，就会充满“只要我愿意，就可以随时拒绝”的自信。也就是无论在任何情况下，都敢于坦然拒绝别人。

相信只要我们能够掌握有效的拒绝技巧，困扰已久的生活压力便一定会随之得到缓解，而我们的人生也会变得更加愉悦、更加幸福。事实上，要做到这一点并不困难，只要我们有恒心、肯付出、愿学习，就一定会拥有健康的人际关系。

再熟悉的人，也要学会说“不”

人活在世上，总会遇到一些为难的事情。有些同窗好友、同事朋友，相处的日子久了，总会有有求于彼此的事，如果我们能办到的话应尽最大的努力去办，假若朋友提出的某些要求过分，不是我们个人力所能及的，就要拒绝朋友的要求。特别是亲戚朋友的一些要求，确实是不近人情、没有人情味，处理这类问题时，我们往往感到很棘手，明知道事情办不成，可又怕伤害了朋友之间的友谊，不知道该如何开口拒绝。

所以当需要做“不”的决定时，我们往往就会变得犹豫不决；当需要大声地说“不”时，却沉默不语。对家人、朋友更是难以开口说“不”，为了使他们满意而满足他们的每一个请求，最终使自己琐事缠身，很少有属于自己的时间，学习、工作、生活一团糟。

很多人都抱怨生活中有太多的尴尬和无奈，造成这种尴尬和无奈的原因，很多就是因为我们不太会拒绝别人，不习惯说“不”字。

秦桑并不是心理咨询师，可是在她身边，总有各种各样的朋友喜欢把自己的“隐私”说给她听。秦桑总是耐心地听着对方诉说，时不时还会因为对方的不幸遭遇而落下几滴眼泪。长期处于各种负面情绪困扰中的秦桑终于承受不住这份压力了。

朋友之间的聊天，不外乎最近都有些什么活动和见闻之类的话题。而秦桑却成了公认的被倾诉者。一旦哪位好姐妹在感情上遭遇了挫折，她们都会把秦桑约出来，哭诉自己的不幸。其实，她们都知道，秦桑并不能帮她们解决所有的问题，只是她们需要倾诉，需要把负面情绪释放出来。

最近，小李向秦桑说怀疑自己的老公在外面有外遇，而红红整天都向秦桑抱怨公司待遇不好，董晴则哭哭啼啼地告诉秦桑她又和男朋友分手了。秦桑早晨一睁眼，就被别人这些杂七杂八的事情困扰着，以至于自己在工作的时候都无法把心思用在正常事务之上。

每次聊天结束之后，秦桑的朋友们全都像是获得了新生一般，她们的痛苦和委屈确实得到了发泄，而对于秦桑来说，本来好好的一个周末下午，却无缘无故地被笼罩上一层阴云。

有时候秦桑也不得不感叹，“知心姐姐”可真不容易当啊！可她还没有意识到自己其实已经处于一种危机状态之中了。

随着时间的流逝，姐妹们曾经对她说的话在潜移默化中给她造成了负面影响。每次见到上司时，她总会想起红红说的那些话；见到董晴的前男友，秦桑的心中则会事先树起一条警戒线。最近，秦桑不但在工作上频繁失误，而且连家庭关系都开始变得紧张。直到有一天，秦桑才恍然大悟，原来自己的正常生活已经完全被打乱了。

秦桑并没有觉察到，自己在倾听别人的诉说时，诸多的负面情绪已经逐渐渗透到了自己的生活之中。到头来，自己不但无法帮朋友们解决实际问题，还让自身陷入了悲观情绪的影响之中。此时的秦桑，已经成了他人无节制倾诉的对象。

如何避免我们自己也变成“秦桑”呢？那就要学会对熟人让自己做的那些既浪费时间又没有实际作用的事情说“不”。学会说“不”、懂得说“不”是一门重要的艺术，是作为“社会人”应具有的一项重要能力。我们需要学会用“不”的智慧保护自己，用“不”的力量说服别人，用“不”的方法正确决策，用“不”的秘诀改变人生。

或许有人会说，朋友之间，有人遇到困难，我们理应伸出援手给予帮助。帮朋友的忙本无可厚非，但是要分清帮什么忙，不是所有的忙我们都能帮，也不是所有的忙我们都应该去帮。要让朋友明白，你有自己的事情，有自己的主意，有自己的坚持。不要因为朋友恳求的眼神、鼓动的话语，就放弃自己的初衷，改变自己的意见。勉强地答应别人可能会让你琐事缠身，焦头烂额，甚至是筋疲力尽，烦恼懊悔。

所以不要在需要说“不”的时候犹豫不决，沉默不语，理亏脸红。一定要说得理直气壮，坦坦荡荡，自信飞扬。坦诚交友，进退有度，自己心里有原则和底线、思想和立场。

其实，当你的能力有限，无法帮助别人时，千万不要勉强，你应该毫不犹豫地学会说“不”，学会拒绝。说“不”不是不近人情，不是自私冷酷。只要你真诚地道出你的苦衷、你的原则，必能获得朋友的谅解，得到对方的尊重。因此，从现在起，请学着对别人说“不”吧！

拒绝要懂技巧，不要伤害对方的面子

在我们的生活当中，总要面对各种各样的人和事。其中，有许多积极的，也有许多消极的；有符合自己意愿的，也有不符合自己意愿的；有乐意接受的，也有需要拒绝的。比如，有人需要我们帮忙，但我们却由于某方面原因而不能帮忙时，就需要拒绝。直截了当拒绝的话很难说出口，但我们又必须要拒绝对方，这时候就必须要掌握拒绝的技巧。掌握了一定的技巧，我们才能轻松愉快地说出“不”字，才能使对方高高兴兴地接受“不”字。

比方说，在拒绝他人时，我们可以暂时做出错答，这是一种不错的拒绝技巧。这样可以转移其他听众的注意力，也可以使请求者领悟到其中拒绝的意思，也可以免于因说破而造成尴尬局面和其他不良后果。

易连昆和小樱是毕业不到一年的大学生，他们已经在同一个公司工作了三个月的时间。在一起工作久了，易连昆对小樱产生了爱慕之情，想要表白自己的心意。

小樱虽然心领神会，知道易连昆的心意，但是，小樱对他并没有男女之情。她很珍惜这份友情，不想将这份友情向爱情方面发展，但她感觉同事之间还是不要说破，保持一种纯真的友情为好。

这一天刚下班，同事们都在边收拾自己的东西边讨论去哪儿吃饭，易连昆走向小樱。小樱正和同伴菲儿商量周末去哪儿玩，看到易连昆向自己走来，便知道了他要说什么。于是，小樱下定决心，想到了拒绝他的方法，就和同伴一起笑着等易连昆走了过来。

易连昆走到小樱面前，有些犹豫地说："我有一个问题想问问你，你是不是喜欢……"

同事们都停下来看向这一边，菲儿也很好奇地看着他们俩，小樱明白他的意思，就打断他说："哦！我喜欢你借我的那本书，我都看了两遍了，还没看烦，尤其是里面讲到的奇幻世界，真的很奇妙。"

易连昆以为小樱会错意了，想要说得更清楚一些，就急忙接着说："你难道看不出来我喜欢……"

同事们更好奇了，都起哄似的看着他们，小樱不慌不忙地又打断他，笑着说："我知道你也喜欢这类的书，以后咱们可以交换一下学习心得，这样可以互相促进，共同进步。"

易连昆有些心急，他干脆直截了当地问："你有没有……"

小樱看他要说出口，也有点着急，灵机一动，马上截住他的话，笑着说："这么巧呀，我确实早就有这个想法，我们也可以向其他人介绍这本书，互相交流切磋，共同学习。"

同事们听到这里，都一哄而散，各干各的去了。易连昆听到这儿，又看了看小樱坦然的样子，霎时明白了她的意思，同时也非常感谢她的委婉，没让自己在同事们面前尴尬。

小樱三次截断易连昆的问话，使他明白了她的想法，不再追问。这比让易连昆直率地问出来，而小樱当面予以拒绝，效果自然要好得多，同时他们以后见面也不会因此尴尬，丢失纯真的友谊。

学会拒绝他人的技巧，既可减少许多心理上的紧张和压力，又可以表现出自己人格的独特性，也可使自己在人际交往中不致陷于被动，生活就会变得轻松、潇洒些。在拒绝别人的时候，我们可以运用以下几种回答方法：

（1）婉拒法："哦，是这样，可是我还没有想好，考虑一下再说吧。"

（2）不卑不亢法："哦，我明白了，我认为你找对这件事感兴趣的人效果会更好，好吗？"

（3）幽默法："啊！对不起，今天我只好当逃兵了。"

（4）缓冲法："哦，我再和其他人商量一下，你也再仔细考虑一下，过几天再决定，好吗？"

（5）回避法："今天咱们先不谈这个，我想有一件事你更关心……"

（6）补偿法："真对不起，这件事我实在爱莫能助了，不过，我可以帮你做另一件事！"

有时候拒绝需要很长一段时间，对方会不定时提出同样的要求。若能由被动变成主动关心对方，并让对方明白自己的苦衷与立场，也可以避免拒绝他人时的尴尬与影响。当双方的情况都有所变化时，就有可能满足对方的要求。

懂得了拒绝的技巧，将会使我们受益无穷。有技巧的拒绝，不但不会给我们带来负面影响，反而能使我们得到他人的敬佩与尊重。

当然，拒绝过程中，除了技巧，更需要有发自内心的耐心与关怀。若只是随随便便地敷衍了事，有时会让人觉得你是一个不诚恳的人，对你的人际关系伤害更大。

大部分人会产生这样的想法：难道我们在现实生活中非要拒绝别人不可吗？我们在拒绝他人时都要采用这些委婉的方法吗？其实在现实生活中，关于拒绝他人，我们还要注意以下问题。

第一，在日常生活中，我们应该真诚地对待朋友和同学，积极地帮助他们。每个人都应该明白一个简单的道理，“平时帮人，拒人才不难。”

第二，如果是由于自身能力或客观原因，我们应该坦诚相对，说明自己的实际情况，同时，要积极帮对方想办法。

第三，对于某些情况，直接说“不”的效果更好，特别是对于那些违法乱纪的事情，应持坚决的态度来拒绝。对于那些可能引起误解的事情，也应该明确自己的态度，否则会“当断不断，反受其乱”。

拒绝他人是生活中的一种艺术与技巧，学会并灵活运用它，会使我们生活得从容不迫，也会使我们有一个良好的社会关系。要懂得在适当的时候用适当的方法说“不”。拒绝别人不一定是件坏事，如果我们没有时间、没有能力帮助别人，那么拒绝别人的请求是正确的选择。当我们拒绝他人时，要让对方心服口服地接受自己的说法，而不要让对方产生被轻视或受伤害的感觉。

勇敢说“NO”，但一定要对事不对人

生活中难免会遇到这样的情况，亲人、朋友、同事等有时会要求你做一些事情，而这些要求有的根本就不合理，有的超过了你的能力范围，总而言之，你的内心是不情愿的。但是，你担心别人会因此而不高兴，甚至会影响到日后双方的交往，只好硬着头皮应承。然而，事后你自己却会因此感到沮丧。

就这样，你做着自己不愿意做的事，你允许别人不断地利用你，你心中的不满日积月累。有一天，你终于失去了耐心，把积累的怨气一并爆发，可想而知，结果将会非常糟糕。

由此可见，我们必须要学会拒绝，我们要能够勇敢地对别人说“NO”，只有这样，才能提高我们的工作效率和生活质量。

要知道，想做个有求必应的老好人并不容易。人们的要求永无止境，往往是合理的、悖理的并存，如果你不好意思当面说“NO”，轻易承诺了自己无法履行的诺言，将会带给自己更大的困扰。

因此，该拒绝时就一定要拒绝，并且一定要对事不对人，要让对方知道你拒绝的是他的请求，而不是他本身。拒绝之后，最好可以向对方提出处理其请求的其他可行办法。

安成和方宇是从小到大的好朋友。两个人的友谊已经有二十几年了。如今两人都已经参加了工作，虽然不在一个单位上班，但平时两个人还是经常带着各自的女友在一起聚会。

有一天，安成气呼呼地来到方宇的单位，找方宇帮他一件事，为他的未婚妻报仇。方宇以为出了什么大事，急忙请假和安成走出公司。出来后，方宇向安成问清了缘由。

原来安成的未婚妻被公司的车间主任欺负了，安成非常恼怒，发誓要为未婚妻报仇，而且还买了一把锋利的弹簧刀，想要对付那个车间主任。但考虑到那个车间主任人高马大，自己一个人对付不了他，于是就想到请方宇帮忙，两个人一起对付他。

方宇听后，心中很明白，尽管那个车间主任不是好东西，确实应该教训他，但如果感情用事，刺伤了他，那是会犯罪的。因此，方宇决定拒绝安成，并且也决定阻止安成，不能让他因一时冲动，铸成大错。

于是，他问安成："你爱你的未婚妻吗？"

"爱，当然爱，如果不爱，我才不管这事呢。"安成回答说。

"这就好，爱一个人不容易，真正爱上一个人，是不管她遇上多么大的不幸，都会永远爱她，在她遇到不幸时，还要帮她解脱出来。如果你这样感情用事，并不是爱她，而是在伤害她，会使她更伤心。她也不会为此而感谢你，相反会恨你。坏人总是要受到惩罚的，但这要靠法律……”

安成听到方宇这样说非常生气，他冲方宇喊道：“我还是不是你的朋友，你怎么不帮我反而袒护那个主任，他给你什么好处了吗？你对我是不是有意见啊？”

方宇听了安成的话，走到安成面前，真诚地说：“我拒绝和你一起去找那个车间主任不是对你有意见，我只是认为这件事不能像你说的那样做，并不是针对你个人。车间主任的行为是犯法的。这样吧，我的同事有一个做律师的好友，我帮你和你的未婚妻运用法律的手段来惩罚车间主任，我相信，法律会给你们一个满意的答复的。”

安成听了方宇的一番话，打消了要报仇的想法，最终运用法律手段惩罚了那位车间主任。而安成非常感谢方宇这次对他的帮助，两个人的友情也更加稳固了。

在这个例子中，方宇并没有为了朋友之情而感情用事，而是对事不对人，让安成由报仇改为运用法律手段来解决问题，最后问题圆满地解决了。方宇拒绝了安成报仇的请求，假设方宇不这样做，为了朋友义气，答应帮助安成去报仇，结果肯定不堪设想。

对事不对人，强调以“事”为中心。的确，解决问题，应该以“事”为中心。问题要解决到什么程度、什么时候解决、什么标准、谁来做、大家如何配合等，这就是“对事”，围绕事情本身解决问题。

那么，什么是“不对人”呢？不对人，就是不针对人。虽然事情是人做出来的，但是，人是很复杂的，带有一定的主观性，很难说谁的想法一定是对的，或谁的想法一定就是错的。更为重要和关键的是，人的本性都是趋利避害的，人都是爱面子的，都是有情绪的，保护自己是人的第一反应，即使是用不恰当的方式。

所以，在拒绝别人的时候，拒绝者要尽可能地创造出“对事不对人”的环境，把事情和人情分开：人是人，事是事。在这样的环境下，拒绝者不会因为人情而回避一些难以处理的事情。同时，要让被拒绝者明白，你所拒绝的一切是针对事，而不是人。如果能形成这样对事不对人的环境，被拒绝者会有更大的勇气承担拒绝者的决定，因为他知道这是为了更好地解决事情，而不是在难为他。这样，拒绝者也会变得很轻松：在回答被拒绝者请求的时候，不必过分顾忌感情，不必在意面子，而只需把注意力放在事情上。

要记住：无论你在任何时候、任何场合，对任何人、任何事，你都有权利说“NO”，因为这样你才能顾及自己的情况，而以真实的态度面对对方。

虽然在该说“NO”的时候要勇敢地说“NO”，但是一定要做到对事不对人，这才是真正有效的人际沟通。能和他人做有效的沟通，是你最有价值的能力；致力于有效的沟通，会使你的人际关系大为改善。

直接拒绝“冲力”太大，那就绕着弯说

拒绝他人时，关键要态度和蔼。不要在他人刚开口时，就断然拒绝；不要对他人的请求迅速采取反驳的态度，或流露出不高兴的情绪，或者藐视对方等。这些都是不妥当的方式，正确的做法是以和蔼可亲的态度诚恳应对。

如果在社交场合，你需要拒绝人时，不妨用下列方法试一试。

（1）有意推托：如“我转告他一声倒是可以，就是怕他误会了，还是你直接同他说为好。”“这件事由我出面恐怕不太好吧！”

（2）尽量回避：“哦，是这样呀，我没看清楚。”“我没注意，也不是太清楚。”

（3）故意拖延：“今晚还有事，以后再说吧。”

（4）保持沉默：“嗯，让我再考虑考虑……”

（5）另有选择：“好是好，不过我更喜欢……”

（6）婉言回绝：“我很理解你的心情，但是这样做，对你我都没有好处，你仔细想想。”

拒绝时，千万不要伤害对方的自尊心。特别是对你有过

帮助的人来拜访你，要你帮他做事。为了情面，这种情况的确是非常难以拒绝的。不过，只要你能表示出尊重对方的意愿，讲出自己的难处，相信对方也是会谅解你的。

以诚恳的态度明确地说出自己不得不拒绝别人的理由，直到对方了解你是爱莫能助，这是一种最成功的拒绝方法。

有时候，为避免直接拒绝他人，也可以用暗示法来达到拒绝的目的。有些人喜欢通过说出自己困难的方法来暗示他人，这时，你也可以采用同样的方法来表示你的拒绝。因为对于他们来说，表达出“不”，最好是通过他们容易接受的方法。当然，与此同时，你可以表示出深深的同情与理解，也可以为他出个主意，表达出你对他的关心和自己的无能为力，同时为其送上自己的良好祝愿。

在拒绝别人时应该做到“六不”和“四要”，使对方了解你拒绝的苦衷和歉意，同时说话态度要诚恳，语言要温和。

不要立刻就拒绝：立刻拒绝会让人觉得你是一个冷漠无情的人，甚至觉得你对他有成见。

不要轻易地拒绝：有时候轻易拒绝别人，会失去许多帮助别人和获得友谊的机会。

不要在盛怒下拒绝：盛怒之下拒绝别人，容易在语言上伤害别人，让人觉得你一点同情心都没有。

不要随便地拒绝：太随便地拒绝，会让别人觉得你并不重视他，容易让别人反感。

不要无情地拒绝：无情拒绝就是表情冷漠，语气严峻，毫无通融的余地，会令人很难堪，甚至反目成仇。

不要傲慢地拒绝：一个盛气凌人、态度傲慢不恭的人，任谁也不会喜欢亲近他。何况他有求于你，而你以傲慢的态度拒绝，别人更是不能接受。

要婉转地拒绝：真正有不得已的苦衷时，如能委婉地说明，以婉转的态度拒绝，别人会感动于你的诚恳。

要有笑容地拒绝：拒绝的时候，要面带微笑，态度要庄重，让别人感受到你对他的尊重、礼貌，就算被你拒绝了，对方也能欣然接受。

要有出路地拒绝：拒绝的同时，如果能提供其他的方法，帮他想出另外一条出路，实际上也是帮了他的忙。

要有帮助地拒绝：也就是说你虽然拒绝了他，但却在其他方面给他一些帮助，这是一种慈悲而有智慧的拒绝。

同样是拒绝别人，不同的拒绝方式给人的感受是不同的，委婉的拒绝容易让人接受和理解，而直接拒绝则使人恼怒和反感。所以，同样是拒绝，我们应该多注意方式，多讲究艺术。

拒绝别人时，不妨有策略地说“不”

有人来托你办一件事，此时对方已经有你能帮忙的期待，所以他是有计划而来的——至少他已准备好怎样开口，而你则一点儿准备都没有。

他所托的事介于可以帮或不可以帮之间，你应该怎样答复人家呢？也许你会采取一种拖延的方法：先把对方稳住，然后再做考虑。“让我想想看，好吗？”这是一句经常被用到的话。

但是，由于每个人都有怕“难为情”的心理，因此在很多情况下，往往会不自觉地给对方一种承诺。也就是说，你其实并没有答应这件事，但由于你的拖延和含糊其词，让对方以为你已经做出了承诺。

这种事情的确很糟糕。现在大多数人都喜欢“言出必行”的人，很少有人可以谅解你不能履行某一件你已经承诺可以完成的事。比如，我们经常听到人们这样说：“某人分明答应了我，但问题迟迟不解决……”

拿破仑就曾说过：“我从不轻易承诺，因为承诺会变成不能自拔的错误。”一代名人尚且如此，何况是常人。

既然拒绝别人如此困难，我们就应给予足够的重视，平时就应注意掌握一些拒绝的经验。

对于一些我们无法办到的请求，与其语气模棱两可，害得别人为获得你最后的答复几次三番找你——这不仅使自己为难，也浪费别人的时间——不如明确表示自己的意思。基于这种情况，你可以表示同情，很愿意帮助对方，满足对方的要求，但因诸多因素，实在是心有余而力不足，爱莫能助。这时你的语气既要坚决，又要委婉，尽可能不伤害对方的自尊心。

19 世纪，迪斯雷利出任英国首相。当时，有个野心勃勃的军官一再请求迪斯雷利加封他为男爵。迪斯雷利知道此人才能超群，也很想与他搞好关系，无奈此人不够加封条件，迪斯雷利无法满足他的要求。

一天，迪斯雷利把军官请到办公室里，与他单独谈话："亲爱的朋友，很抱歉我不能给你男爵的封号，但我可以给你一件更好的东西。"说到这里，迪斯雷利压低了声音："我会告诉所有人，我曾多次请你接受男爵的封号，但都被你拒绝了。"

迪斯雷利说话算数，他真的将这个消息散布了出去。众人都称赞军官谦虚无私、淡泊名利，对他的礼遇和尊敬远超过任何一位男爵。军官由衷感激迪斯雷利，后来成了他最忠实的伙伴和军事后盾。

迪斯雷利首相在拒绝军官的升职要求的时候，没有引起对方的反感，相反却获得对方的好感，原因何在？

他没有给对方一个冷冰冰的回答——“不”，更没有讥笑和嘲讽对方，而是将善意传递给对方，让对方明白：自己的要求虽未被满足，但长远利益（声誉）得到了首相的维护——这是比升职更好的事。

了解了拒绝别人的规则还不够，更重要的是掌握拒绝别人的方法。

1. 用“挡箭牌”挡回

拒绝别人最简单的方法，就是利用名人名言或众所周知的大道理、俗语作为“挡箭牌”（比如，“俗语说……”），挡回对方的请托，让其认识到其请托是与某些规范相抵触的，有“强人所难”之嫌。这样就能省去诸多解释的言辞，也有利于消除不必要的误会。

20世纪70年代，有一位名叫罗斯恰尔斯的犹太人，他在耶路撒冷开了一家名为“芬克斯”的酒吧。酒吧面积不大，只有30平方米，仅有一个柜台、5张桌子，但它声名远扬。

有一天，罗斯恰尔斯接到一个电话，那人用十分委婉的口气和他商量：“我有10个随从，他们将和我一起前往你的酒吧。为了方便，你能谢绝其他顾客吗？”

罗斯恰尔斯毫不犹豫地说：“我欢迎你们来，但要谢绝其他顾客，这不可能。”

打电话的是美国国务卿基辛格。他是在访问中东的行程即将结束时，在别人的推荐下，打算到“芬克斯”酒吧消遣一下。

基辛格只好坦言：“我是出访中东的美国国务卿，我希望你能考虑一下我的要求。”

罗斯恰尔斯礼貌地回答：“先生，您愿意光临本店，我深感荣幸。但是，因您的缘故而将其他人拒之门外，我做不到——他们都是老熟客，是曾支持过这个店的人，因为您的来临拒他们于门外，我无论如何做不到。”

罗斯恰尔斯表现出了一种十分珍贵的品质——拒绝的勇气。在需要拒绝的时候，他敢于拒绝任何人——包括基辛格那样的高官和权贵，对于基辛格提出的闲杂人等一概回避的不合理要求，他找出一块再好不过的“挡箭牌”：“他们都是老熟客，是曾支持过这个店的人，因为您的来临拒他们于门外，我无论如何做不到。”

2. 轻轻摇头，然后说出拒绝的理由

日本的人际关系专家堀川正义提出了一种拒绝别人的方法，他告诉我们：“我们需要在聆听别人陈述和请求完毕之后，轻轻地摇头，而态度并不很强烈。”这种方法关键在于“轻轻地摇头”，它代表了否定，别人一看见你摇头，就知道你已拒绝；接着，你可以从容说出拒绝的理由，使别人易于接受（自然，拒绝的理由必须充分，而不是你不愿意）。一个充分的理由，能使人谅解你不能答应的苦衷，对你不会耿耿于怀。

比如，你有一位好友做了人寿保险经纪人，他向你介绍

了一大堆买保险的好处，并请你通过他购买100万元金额的保险，而你自己也明知此举真的会有益处；然而，在细心考虑下，你认识到每年要交的保费不低——以你目前的收入情况，它可能会成为你的一种负担。于是，这时你已经知道购买如此大额的保险是很难办到的，你就不妨“轻轻地摇头”，然后说出上述理由，相信你的这位经纪人朋友会体谅你的难处。

3．先扬后抑

这种拒绝方法也可称为“先承后转”法，是一种避免正面表述而间接出击的方法。对于别人的一些想法和要求，先用肯定的口气表示赞赏，再来表达你的拒绝，这样不仅不会直接伤害对方的感情和积极性，使对方容易接受，而且为自己留下一条退路。

通常，你可以采用下面一些话表达你的意见，“这真是一个好主意，只可惜由于……我们不能马上采用它”“这个主意太好了，但我担心眼下的条件所限我们不得不放弃它，我想以后它肯定会有用的”“我知道，你是一个体谅朋友的人，如果不是十分信任我，并认为我有能力做好这件事，你是不会找我的；但是我最近实在忙不过来了，下次再有这事我一定尽力”等。

有些事情如果碍于情面，你也可以当场答应下来——没有必要当场表明你的态度，免得双方比较难堪。你可以说“这件事很好，但我还得仔细考虑考虑”，对方也会认为你在认真对待他的请求，从而会对你稍后做出的选择或行为表示谅解。

有时对方有急事相求，而你的确无法抽身相助。考虑到对方的实际情况与当时的心情，为了避免对方恼羞成怒，造成误会，你可以首先表现出积极的态度，但说明你只能换个时间办理，而对方的诉求是希望立即办好，那他就会另找对策了。

4. 以攻为守

如果在对方提出某项要求之前，我们已经从别的途径获知此事，或在谈话中已洞悉对方的目的，我们可以采取“以攻为守”的办法予以拒绝。比如，朋友找你借钱去赌博，你可以在对方开口之前率先提出要求：“可巧碰上你了，我正准备去找你借点钱……”对方一听这话，自然不会再向你借钱。

下面是一个“以攻为守”拒绝别人的真实例子。

两个进城打工的老乡找到在城里工作的李某，诉说打工之艰难，一再说住客店住不起，租房又没有合适的，言外之意是要借宿。

李某听后马上说：“是啊，城里比不了咱们乡下，住房可紧了，就拿我来说吧，这么两间耳朵眼儿大的房子，还住着三代人。我那上高中的儿子，没办法，晚上只得睡沙发。你们大老远来看我，本应该留你们在我家好好住上几天，可是做不到啊！”

两位老乡听后，知趣地走开了。

两个老乡没有直接向李某提出借宿请求，而只是埋怨在城里找房子住很困难；李某也装作没听出言外之意，立刻附和他们的观点，并说自己家住房如何紧张，为不能留他们住几天而遗憾。老乡听了这番话，既明白李某的难处，又知道他在拒绝，只好离开。

5. 自我贬低

对于那些既没有什么实际意义，又浪费时间与精力的活动，这种拒绝方法可以使你全身而退。比如，朋友邀你一起去玩电子游戏，你就可以说："说出来不怕你们笑话，我学了几年始终玩得不像样子，你们看了都会觉得可笑；为了不影响你们的兴致，我还是不去为好。"

6. 在敷衍中拒绝

在敷衍中拒绝别人也是常见的一种拒绝人的方法。敷衍是在不便明言回绝的情况下，含糊回避请托人。举一个历史上在敷衍中拒绝别人的例子：庄子家贫，有一次向监河侯借粮。监河侯说："好。等我收到地租，就借给你三百金。"监河侯的敷衍很有水平：不说不借，也不说马上借，而是说收到地租后再借。

具体而言，在敷衍中拒绝别人又可分为以下两种：

一是推托其词。在不便明言相拒的时候，推托其词是一种比较有策略的办法。人处在一个大的社会背景中，互相制约的因素很多，为什么不选择一个盾牌来挡一挡呢？比如，有人托你办事儿，假如你是单位领导成员之一，你可以说："我们单位是集体领导制，办你的事儿，需要大家讨论后决定；不过，这件事恐怕很难通过，你最好别抱什么希望——

如果你实在要坚持的话，待大家讨论后再说，我个人说了不算数。”这就是推托其辞，把矛盾引向了另外的地方，意思是“不是我不给你办，而是我办不了”。对方听到这样的话，一般都要打退堂鼓，会说：“那好吧，既然是这样。我也不难为你了，以后再说吧！”

二是答非所问。答非所问是装糊涂，给请托者以暗示。如“最近孩子功课怎么样”“我明天必须去参加会议”等。答非所问，婉拒了对方，对方会从你的话语中感受到，他不会得到你的帮助，因此也就收回了自己的请求。

总之，在实际的人际交往中，只要遵循相关的拒绝规则，并结合具体情况灵活地运用拒绝方法，我们就能做到有策略地说“不”。

第四章

说话有逻辑，你能说服任何人

分析利弊，把道理讲清楚

很多人都听过“毛遂自荐”的典故，毛遂用其精妙的言论证明了自己的价值。那么，毛遂是怎样利用那张能说会道的嘴，达到劝服对方的目的呢？

赵国国都邯郸被秦军围困，赵国派遣平原君作为使者，向其他国家请求救助，平原君决定带二十名随从去与楚国订立“合纵盟约”。平原君说：“如果能说服对方，是最好的结果。要是无法说服他们，只能以武力使对方签订‘合纵’盟约。现在，我在门下挑选二十名贴身随从吧。”正在这时，门外有个叫毛遂的人前来求见，他走到平原君面前说：“我听说平原君将前往楚国求援，希望与之签订‘合纵’盟约，随从人员未能凑足二十人，希望毛遂能成为其中一员。”

平原君问：“你在赵国生活多长时间了？”

毛遂说：“到目前为止有三年了。”

平原君失望地摇头道：“贤人就像口袋中的锥子，锥子尖会穿透口袋，露出锋芒。现在，你已经在赵国待了三年，我从未听到有人赞美你，这就说明你才能不足。先生不符合我的要求，请放弃吧！”

毛遂说：“那是我一直隐藏到今日才来请求进入先生囊中。如果能让我早入囊中，我就会像禾穗一样，整个锋芒都显露在外了，而不只露出穗尖。”

平原君听完这番言论后，决定带毛遂入楚。毛遂到了楚国以后，其他十九个人在与其争辩的过程中，都为他卓越的口才所震惊。

在说服楚国签订“合纵”盟约时，平原君反复说明利害关系，从太阳升起开始谈，直到太阳落山也没决定下来。这时，平原君决定听从那十九个人的建议，让毛遂与楚国谈判。

毛遂带剑登台，对平原君说：“‘合纵’的利害关系非常清楚，三言两语便已明了，可现在已经说了一天，最终还没决定下来，其中有什么困难呢？”

楚王询问平原君：“他是什么人？”

平原君说：“这是我的门人毛遂。”

楚王大怒，斥责道：“你胆敢佩剑上前？我正在同你们的君侯说话，你打算干什么？”

毛遂不顾楚王的呵斥，握剑上前说：“大王之所以敢斥责毛遂，是因为这是在楚国，你们人多势众。但现在，我与大王近在咫尺，轻易就能取大王性命，所以，大王的命正悬在我的手里。在我君侯面前，大王为什么斥责我？况且，我听说汤统一天下只有七十里的地方，文王以百里的土地使诸侯称臣，能做到这些难道是靠人多吗？

其实，他们之所以能这么做，凭借的是他们的威势。今天，楚国有土地五千里，手持长矛的士兵有上百万，这就是霸王的资产呀！以楚国的势力，足以雄视四方，白起不过是竖子而已，仅凭几万人马就战胜楚国，第一战就攻下了鄂、郢，第二战就烧毁了夷陵，第三战就侮辱了大王的祖先。这是百代的仇恨，连赵国人都羞于谈及此事，大王却无动于衷。这‘合纵’的事情，是为了楚国，而不是为了赵国，为何大王反在我君主面前斥责我?”

楚王说：“先生所言甚是，是为了我的江山社稷才订立‘合纵’盟约。”

毛遂进一步问道：“那么‘合纵’之事楚王决定了吗?”

楚王说：“本王听从你们的建议。”

签订“合纵”盟约后，平原君对毛遂刮目相看，毛遂从此声名远扬。

毛遂自荐给我们很多启示，人们通常佩服毛遂的勇气与胆识，其实，最令人赞赏的是他的谈话智慧。要知道，敢向别人自荐需要具备一定的勇气，但成功与否，考验的就是自身的谈话技能。

从毛遂对楚王所做的陈述来看，毛遂每句话都说到了楚王的心坎儿上，他把“合纵”的利弊分析得非常透彻，楚王在无可辩驳的事实面前，清楚地定位了自身，认清了局势，才答应平原君签订“合纵”盟约。毛遂的案例说明，精妙的口才有时能抵得千军万马。

当我们试图说服他人时，清晰透彻的利弊分析，往往能化被动为主动。

若想说服别人，应该学习毛遂这种善于分析利弊、把理讲清的说服方式，促使对方醒悟过来。讲事实、摆道理，冷静地分析，全面而深刻地进行判断，如此，定能让对方信服。

合理借题发挥，水到渠成

借题发挥，要借得合理、巧妙，构成顺水推舟之势，不能牵强附会。要想做到不牵强、无痕迹地借题发挥，就要顺其自然，以达到顺理成章的效果。尤其是当一个人处于某种场合时，更要善于敏感准确地捕捉住眼前的事物，借此发挥出意想不到的效果。

下面有几个小故事，阐述了借题发挥的妙处。

> 第二次世界大战期间，英国首相丘吉尔访问美国，请求罗斯福总统给予一批军火援助，罗斯福举棋不定，没有明确答复他。丘吉尔回到宾馆时郁闷至极，他刚迈进浴盆，罗斯福突然不宣而入，当时丘吉尔正好赤身裸体。丘吉尔不愧为幽默大师，在这难堪之时，他一耸肩膀说："瞧，我这个大英帝国的首相对您可是没有丝毫隐瞒啊！"罗斯福听了之后不禁大笑起来。

丘吉尔妙语惊人，不仅掩饰了自己赤身裸体的窘态，而且含蓄地表示了他在政治立场上也是开诚布公、毫无隐瞒的。他借题发挥，不仅恰当地打破了僵局，缓和了气氛，而且获得了罗斯福极大的同情与好感。

在交际活动中，窘境或被动局面不可避免。遇到这种情况时，如能借助对方提供的话题或某种情况，顺势发挥，往往可以取得出其不意的效果。

经验丰富的辩论家总是善于利用有利时机传达自己的意思，并注意扩大其影响。有时，这机会就是发现对方不合理的论证。趁机接过这一论题加以发挥，不仅可以变被动为主动，而且能收到意想不到的效果。

> 阿凡提害眼病，看不清东西。国王偏偏叫他来辨认东西，还取笑他说："你不论看什么，都认为一件东西是两件吗？你本来穷得只有一头毛驴，现在却有两头了，阔起来了，哈哈！"
>
> "真是这样，陛下。"阿凡提说："就如同现在把你的两条腿看成了四条，和我的毛驴一模一样呢。"

阿凡提对国王的回答，用的也是巧借话题法。他巧妙地利用国王的话题，借题发挥，狠狠地讽刺了国王一番，让其自作自受，自讨没趣。

借题发挥重点是突出一个"借"字，因为所论之题是论敌提供的。能否将论敌的话题借为己用，反映出辩者运用这一对策的论战经验和思辨能力。借题发挥的限制条件是辩论时的特定情境和论战双方的对立关系。

借题发挥通常的做法是以其人之道还治其人之身。以敌方的论证或方式还击敌方，能产生有力的反驳和揭露作用。

环环相扣，推理滴水不漏

《史记》中记载了“鲁仲连义不帝秦”的故事，具有敏锐政治洞察力的鲁仲连，凭借犀利的口才达到了说服的目的，其中，他严密的推理起了至关重要的作用。

当时，赵国国都邯郸遭秦军围困，魏王暗地里派遣晋鄙将军援救赵国，可是魏国惧怕强大的秦国，所以，魏国的军队就驻扎在赵魏边界，不敢前行。魏王又派遣辛垣衍偷偷潜入邯郸，想劝赵国妥协并尊秦为帝。辛垣衍到了赵国后对平原君说：“秦国之所以加紧对赵国的围攻，是因为以前齐国与秦国相互逞强称帝，但后来齐、秦相继取消帝号。齐国如今已大不如从前，势力逐渐衰弱下来，但秦国的势力逐渐壮大，凭它在诸侯中的地位已可以称雄称霸。从这些情况来看，秦国的真正目的并非想要邯郸这座城池，而是‘醉翁之意在于称帝’也。倘若赵国能派遣使者向秦国表达尊崇之意，秦王一高兴必定放过赵国，撤去对邯郸的围攻。”平原君犹豫不决。

就在此时，鲁仲连来到了赵国，听闻秦国正在围攻赵国，且得知魏王有意让赵王奉秦王为帝，便前去参见平原君，询问事情的进展。平原君说："以赵国现在的情况，怎么还敢谈战事呢？赵国的百万大军惨败于长平一役，秦军现在乘机围攻邯郸，我们能有什么办法使他们退兵呢？魏王派客将军辛垣衍劝说赵国尊崇秦国为帝，现在辛垣衍就在邯郸，我还有什么办法呢？"

鲁仲连说："起初我一直认为您是天底下最贤明的贵公子，现在我很失望。魏国的客将军辛垣衍在哪里？请让我与其会面，替您斥责他的行为，使他羞愧而返。"平原君说："那我就叫他与先生见上一面吧！"

平原君召见辛垣衍说："齐国有位先生叫鲁仲连，他本人正在我府上，我希望把他介绍给将军您。"辛垣衍说："早闻鲁仲连大名，他是齐国的贤德之士。我只是魏王的一个小部下，并且今日出使贵国还有要职在身，请替我谢绝鲁先生之约吧。"

平原君说："我已经告诉他将军在此地了。"辛垣衍无奈之下，只好去与鲁仲连见面。辛垣衍见到鲁仲连后便说："据我观察，几乎所有被围困在邯郸的人，都是有求于平原君的人，但从鲁先生的仪容相貌来看，并不像是有求于平原君的人。这是什么原因呢？"

鲁仲连反驳说："世人皆认为周朝隐士鲍焦因为不能自我宽恕而死，其实，这些看法是不正确的，鲍焦的真正死因，并不是为了自己，而是以死来表达对社会的抗议和不满。如果秦王称帝，暴虐地统治天下，以权术驾驭臣下，奴役百姓，那么我也会像鲍焦那样赴东海死去，而不是臣服于他。我之所以要见将军，正是想帮赵国解困。”

辛垣衍非常惊异，便问道：“先生怎样才能帮助赵国呢？”鲁仲连继续说：“我将说服燕、魏二国发兵援赵，而齐国、楚国也会向赵国伸出援助之手。”辛垣衍说：“燕国帮助赵国这倒是有可能的，至于我的主君国魏国则很难说，先生如何知道魏国一定会帮助赵国呢？”鲁仲连说：“假使魏国看到秦王称帝的害处了，就一定会出兵救赵的。”辛垣衍问：“先生认为秦国称帝有什么害处呢？”

鲁仲连借机引用典故说：“以前，齐威王曾施行仁政，带领各诸侯国去朝见周天子，那时的周朝已日落西山，各诸侯国没有谁去朝拜，齐国是唯一的朝见周室的诸侯国。后来周烈王死了，各国诸侯都前往吊丧，齐国的使者是最后一个到的。周朝大臣非常生气，斥责齐国说：‘天子驾崩，各诸侯都前来吊唁，齐国是最后一个到的。’齐威王勃然大怒说：‘呸！你们也不过是奴婢而已。’结果这件事成为贻笑大方的谈资。齐威王之所以在周朝天子活着的时候去朝拜他，而待周王死后却判若两人甚至唾骂他，是因为受不了周室那些过分的要求。然而，这些要求也是周朝天子本就拥有的权力，这不值得大惊小怪。”

辛垣衍说：“先生应该常常见到这种情景吗？十几个奴仆跟随一个人，难道是因为他们的力量和智商比不过主人吗？不是，那是因为他们害怕主人的权力。”鲁仲连问：“照此说来，秦魏之间的关系就是主仆关系了？”辛垣衍说："是的。"鲁仲连接着说："既然是这样，我就有能力劝说秦王烹煮魏王并将他剁为肉泥。"

听闻此语，辛垣衍勃然大怒道："咳！先生所说的话太过分了，您怎么能让秦王把魏王煮熟剁成肉酱呢？"鲁仲连说："这有何难，听我慢慢道来。以前，鬼侯、鄂侯、文王三个人都是纣王分封的诸侯，鬼侯之女因美貌被召进宫廷，但纣王却认为该女相貌丑陋，因此把鬼侯剁成了肉酱。鄂侯因为替鬼侯说了几句话，被纣王杀死后制成了肉干。听说这些事之后，文王只是长叹了一声，纣王就把他关了一百天，还想将其杀死。那么，为什么这些称王称帝的人，结果却沦为纣王的肉酱肉干呢？"

辛垣衍无奈地叹气说："魏国不过是秦国的奴仆，赞同秦国称帝实为无奈之举啊！"

鲁仲连这番话的目的是提醒辛垣衍，讨好有野心的帝王是不会得到好下场的。魏王讨好秦王，最终也只会与鬼侯、鄂侯一样沦为刀下鱼肉。

鲁仲连接着说："夷维子跟随齐闵王去鲁国。到了鲁国，夷维子问鲁国人：'你们准备用什么样的礼节招待我们国君呢？'鲁国人说：'我们可以像对待十太牢一样招待齐王。'夷维子生气地说：'你们怎么能用这样的方式招待我国国君呢？我王巡游各诸侯国，居住在各诸侯王的寝宫，各诸侯还要交出钥匙，自己带着衣服、捧着几案，在堂下伺候我王吃饭。一直待我王用膳完毕，各诸侯才能退去处理其他政务。'鲁国人听完夷维子这番话后，立刻紧闭大门，阻止他们进城。齐王没能进入鲁国，于是他想到邹国去吊唁刚死去的邹国国君，要求邹国以天子规格接待他，邹国上下都不同意他的要求，并威胁说，如果那样他们将伏剑自杀。”稍作停顿，鲁仲连又说道：“邹鲁两国的大臣，都很贫穷，生无厚禄，死后薄葬。齐闵王还想在他们面前实行天子之礼，自然受到冷遇，吃闭门羹。如今秦、魏都兵强马壮，彼此都有称王的名分，秦国仅仅打了一次胜仗，就要称帝，由此看来，赵国、韩国、魏国的大臣还不如邹、鲁二国的臣子啊！再说秦王的野心日益膨胀，一旦称帝成霸业，势必会变更各诸侯国的臣子，将他认为没有能力的人替换下去，把职权授予他认为有才能的人，也就是他最亲近的人。秦王亲近的人又将把自己的子女和善说坏话的小妾许配给各诸侯充当妃姬，这些人日夜在魏王面前谗毁。这样一来，魏王的皇宫里能安静下来吗？而将军您有什么方法来保障自己的安全和地位呢？”

通过缜密的逻辑和无懈可击的推理，鲁仲连成功地使辛垣衍接受了利害之辨。

猛然惊醒的辛垣衍对鲁仲连十分感激，给鲁仲连行过礼后说：“起初我认为先生只是一个平凡人，现在我才发现先生足智多谋、目光深远！请让我返回魏国，我向您发誓，我再也不提尊秦为帝的事了。”听说此事后，秦国只好退兵观望。

鲁仲连此番宏论可谓一举两得，使辛垣衍佩服得五体投地，既揭穿了秦国称帝的阴谋，又劝退了魏国的说客。

从这次精彩的劝说过程，我们不难看出鲁仲连所使用的说服方式。用其他诸侯国和大臣的具体实例，推及魏国与秦国间的关系，借以唤醒妥协者们的警惕和抵抗。在推理过程中，言辞激烈，逻辑缜密，既摆事实又讲道理。在大量事实面前，辛垣衍再也无话可说，只有钦佩与感激之情。

古代还有很多说客的成功故事值得我们借鉴。应用推理方法，用事实说话，只是说服别人的方法之一。要想使自己的口才达到炉火纯青的地步，应该以古人为师，真正将说服他人的方法领悟于心。

最实用的说服法——层层剥笋法

我们说服一个人的时候，大多数情况下不能一次性说服。或者表面上被说服的人，内心还是不服。想从根本上说服别人，就要求我们要善于以情定疑，把道理说透。一旦消除对方的疑虑，自然就能够赢得对方的信任。不过，消除别人的疑虑并不是一件很容易的事情，而需要一点一点、层层递进，穷追不舍，把道理讲明白、讲透彻，这就是层层释疑的方法。要想真正说服一个人，必须做一些说服的工作，层层深入，循序渐进。

笋子在成为竹子之前，是由多层外皮包裹的，剥笋时总得一层层地剥开，才能剥到所需要的笋心。所谓层层剥笋，就是在说服他人的过程中紧扣主题，从一点切入，由小至大，由远至近，由浅到深，由轻到重，逐层展开，直至揭示问题的本质，进而达到诱导对方就范的说服方法。恰当地运用层层剥笋法，可使论证一步比一步深化，增强语言力量，让他人心悦诚服地接受。

复杂难说的事要由浅入深地论证说明。我们在劝说领导的时候可以使用这种方法，层层说理，把道理讲透，把话说到领导心里。在运用层层剥笋法进行说服的时候，需要在说服前，把论证方案设计得环环相扣、天衣无缝。

战国时，楚襄王是个昏庸的国君。大夫庄辛直言进谏，楚襄王非但不听，还训斥庄辛是“老糊涂”。庄辛只好离开，到了赵国。不久，秦国占领了楚国的大片国土。楚襄王有所醒悟，于是把庄辛找回来商量对策。

庄辛是这样说的：“蜻蜓捕食虫子，自以为很安全，却不知道小孩子用粘胶捕捉它，一不留神就会成为蚂蚁的食物。黄雀俯啄白米，仰栖高枝，自以为无患，谁知公子王孙将要把它射下，调成佳肴。天鹅直上云霄，自以为无患，谁知射手要把它射下来，做成食物。蔡灵侯南游高丘，北登巫山，饮茹溪之水，食湘江之鱼，左手抱了年轻的美女，右臂挽着宠幸的姬妾，不以国政为事，哪知道子发受了楚王之命，要把他杀掉。大王您左边有个州侯，右边有个夏侯，御车后跟着鄢陵君和寿陵君，食封地俸禄之米粟，用四方贡献之金银，同他们驰骋射猎于云梦之间，而不以天下国家为事。您不知穰侯正接受了秦王的命令，他们的军队要占领我们的国家，把大王驱赶到国外去呢！”

一席话，听得楚襄王“颜色变作，身体战栗”，到了非纳谏不可的境地。

在这里，庄辛变直言进谏为层层剥笋，连设四喻，从小到大，由物及人，层层递进，步步进逼，天衣无缝，使楚襄王心服口服。下属想要对领导进行劝说时，不妨也借鉴庄辛的做法，运用层层剥笋的思维，让领导不得不服。人的思想是非常复杂的，对一件事物的理解也是有所不同的，当一件事想不明白、不理解时，往往就会表现得疑虑重重。

转移问题的主要矛盾，解决冲突

在我们与他人交谈并想说服他人认同某种观点的时候，有可能会遇到由于双方在认识上的不一致，而导致双方相互抵触、争议甚至攻击等问题，这种问题就是破坏性问题。

在遇到对方提出破坏性的问题时，最好的解决办法就是说服者尽力找到问题的主要矛盾并将其转移，只有这样，才能有效化解冲突，重新回到交谈的轨道上。

说服是一门艺术，更是一个人综合素质的体现。要想甩掉对方破坏性的问题，首先要具备的是耐心。当对方气势汹汹地来找你时，你应该问清楚状况，然后冷静分析，寻找最佳的应对方式来解决问题。在工作中，下属在和领导讲话时遇到破坏性问题该怎么办呢？聪明的下属懂得适时退让，转移主要矛盾，避免与领导发生冲突。

办公室中，王华对总经理说："总经理您好，昨天我交给您签字的文件，您签了吗？"

总经理疑惑地看了看王华，在办公室里找寻一番后说："我没有见过这份文件。"

这时，王华有两种选择。一种选择是与总经理据理力争：“我昨天请您的秘书将文件放在办公桌上的，会不会您没看见弄丢了！”这样对话的结果很可能是王华与总经理开始争论，气急败坏之下甚至会演变成一场争吵，那样不仅对工作的完成无益，反而可能招致总经理对自己的记恨。

王华的另一种选择是，不管出于什么原因，既然总经理说没见过那份文件，那就再拿一份让他签字吧，也不值得为这样的小事得罪领导。

经过一番权衡，王华回到办公室，再次打印出那份文件，总经理爽快地签了字。

冲突发生时，你会选择哪种解决方式呢？王华采取了退一步，将主要矛盾转移进而平静解决的方法。也许这确实给他带来了一些重复劳动，但不吵不闹的处理方法有时反而更实用。

其实，我们在说服他人的时候，大可不必与他人针锋相对，很多时候给他人一个台阶下，能有效地甩掉对方的破坏性问题。售货员面对顾客时，这样的解决方式尤为有效。有些时候，适当地给顾客一个台阶下，也是为了更好地说服顾客。当顾客对你的产品有意见时，发生矛盾后，双方心里肯定都不痛快，很容易失态，口出恶言，把话说绝。一旦把话说绝，只能是一时痛快，失去的则可能是一个长期的客户和自己的声誉。所以，即使有再大的矛盾，我们也应该把握住一点，就是不把话说绝，给对方也给自己一个台阶下。

一位顾客在商场买了一件外衣之后，要求退货。衣服她已经穿过一次并且洗过，可她坚持说“绝对没穿过”，要求退货。

售货员检查了外衣，发现有明显干洗过的痕迹。但是，如果直截了当地向顾客说明这一点，顾客是绝不会轻易承认的，因为她已经说过“绝对没穿过”，而且精心地伪装过。于是，售货员说：“我很想知道是不是你们家的某位把这件衣服错送到干洗店，我记得不久前也发生过一件同样的事情。我把一件刚买的衣服和其他衣服堆在一块儿，结果我丈夫没注意，把这件新衣服和一堆脏衣服一股脑地塞进了洗衣机。我觉得可能你也会遇到这样的事情，因为这件衣服的确看得出已经被洗过的痕迹。不信的话，您可以跟其他新的衣服比一比。”

顾客看了看证据，知道无可辩驳，而售货员又为她的错误准备了借口，给了她一个台阶下。于是，她顺水推舟，收起衣服走了。

售货员如果直白地揭穿顾客的“伎俩”，再强硬地驳回对方的要求，就等于在大庭广众之下把话说绝了，换来的只会是一场尴尬和不欢而散。现实中，人们普遍存在吃软不吃硬的心态。特别是性格刚烈的人，如果你说话“硬”的话，他可能比你更硬；可你如果来“软”的，对方倒会于心不忍，也就有话好好说了。

在说服别人的时候，一定要注意转移矛盾，绝大部分的矛盾争论，结果都会使双方比以前更加坚持自己的立场和观点。在争论中没有赢家，不管你是否在争论中占了上风，本质上都是你输了。即使你在争论中把别人驳得体无完肤、一无是处又能怎样呢？你可能暂时会高兴，但对方的自尊心受到了伤害，会对你产生怨恨，并且即使口服，他的心也不会服。

事实上，发生冲突后，因为彼此心里都有怒气，很容易失态，口出恶言。在说服他人的时候，说服者应该保持敏锐，及时发现造成双方交谈不畅通的主要矛盾，并及时将矛盾转移，这是一种高超的说服技巧，能有效避免彼此之间的矛盾进一步加深。

借助权威，增强见解的正确性

俗话说，“人微言轻，人贵言重”。可见权威性是很重要的，因为有权威的人往往地位高、威信高，而且受到他人的尊敬，所以其所说的话也特别容易得到人们的相信和认可，所以说，权威性具有极强的说服力。就像小时候在家里，觉得父母说的话都是真理；而到了学校，就认为老师说的话都是真理；步入职场，就觉得公司里前辈说的话跟真理一样。这些都是对权威的一种无意识的信赖，因此，如果想要有力地说服他人，可以借助权威，增加自己见解的正确性和可靠性。

如果想要其他人相信你所说的话，可以不从自身观点出发，不去强调观点本身的正确性，而是借助权威的力量，利用人们对权威的信赖和崇拜，让人们主动认为你所说的话是正确的。

有个人牵着一匹骏马去卖，来到集市上，连着好几天没有人买，甚至都没有人问价。

于是，这个人想出了一个主意来。他心想，既然伯乐是相马的专家，倘若将他请出来，帮着想想办法，这马必然可以马上卖掉。

他找到伯乐说明情况后，伯乐痛快地答应了。到了集市上，伯乐在这匹马周围看了几眼，然后又在马脖子上拍了两下，回头又看了一眼就离开了。这时，卖马的人就开始吆喝了："走过路过，千万不要错过，此马伯乐都认为好，你还有什么理由不买呢？错过此马，你会后悔的。"人们一听是伯乐都青睐的马，都觉得肯定错不了，所以都来购买。骏马的价格因此便提高了很多。

本来没有人注意的一匹马，就因为伯乐围着马转了几圈、看了几眼，卖马者便进行大肆宣扬，借助伯乐这个权威人物，让人们对"这匹马很好"这个观点深信不疑。这就是借助权威增加可靠性的一个典型。大多数人对权威专家都有依赖性和信任感，因此，当你的观点和说辞具有权威人士的肯定或支持时，也会更容易让别人相信。

对于一个普通人说出的道理，人们可能半信半疑，但是，具有权威性的人说出来效果就不一样了。大多数人都对权威比较信服，因此借助权威，会增强自己的说服力。

公元前209年，陈胜、吴广一行500多人都被派到渔阳戍边，到了大泽乡的时候，突然天下大雨，道路阻塞，估计会耽误到达的日期。按照秦国当时的法律，耽误了期限是会被处死的，于是陈胜、吴广密谋造反。

因为没有名气，所以陈胜想到借助公子扶苏、项燕的名义起兵造反。陈胜、吴广起义之后，又听从高人指点，选择借助神的力量。

于是，他们偷偷用朱砂在帛上写了“陈胜王”的字样，放在士兵们捕捞的鱼的肚子里。士卒买鱼回来想做鱼吃，却从鱼的肚子里发现了帛书，所有人都对这件事情感到特别奇怪。陈胜又暗中派遣吴广到戍卒驻地旁边丛林里的神庙中去，晚上用竹笼罩着火装作鬼火，像狐狸一样叫喊道：“大楚复兴，陈胜为王!”陈胜的威名通过借助扶苏、项燕的名义，再加上利用神的权威建立起来，说服了士兵们，让士兵深信起义之事天注定。

如果起义之事，仅靠陈胜、吴广两个凡夫走卒召集，他们俩没有名气和影响力，很难有人追随。因此他们想到只要借助有名气的人起事，就可以一呼百应。当时的人们因为崇拜公子扶苏，所以就能主动响应起义之事。再加上陈胜借助神的名义，让人们认定起义之事是上天的意思，对处于封建迷信时期的人们来说，更是令人深信不疑，所以陈胜、吴广才能成功地把士兵说服，让士兵们积极跟随着他们起兵造反。

可以说，大多数人都会比较相信权威。这个权威也许是专家，也许是父母，也许是老师长辈，还有的人因为崇拜明星偶像，所以对明星说的话深信不疑。因此，我们总可以找出人们信服的一种权威，只要学会借助这种权威的力量，就可以增强自己观点的正确性和可靠性，达到说服对方的目的。

第五章

求人办事，好口才能让你更轻松

站在对方角度说话，办事最有效

在庄子与惠施在濠梁之上的辩论中，庄子的“鲦鱼出游从容，是鱼乐也”，被惠施以“子非鱼安知鱼之乐”反驳，而庄子则以“子非我安知我不知鱼之乐”反驳惠施。两位古代哲学家从哲学的角度对换位思考进行的辩论，给后人留下了莫大的启示，中国人的说话艺术更是从中汲取了大量的营养。换位思考表现在说话方面便是站在对方的角度说话。设身处地从对方的角度看问题，才能使对方感到你所说的事情与之休戚相关，从而使事情更加顺利地进行，大大提高办事的效率。

《孙子兵法》有云：“知己知彼，百战不殆。”“知己”与“知彼”相比较，在说话办事时，“知彼”显得更为重要。要做到“知彼”，最好的方法莫过于站在对方的立场看问题。一些在说话办事方面的失败者之所以会失败，很大程度上是因为他们没有站在对方的立场上看问题。

那么站在对方的角度说话需要掌握哪些技巧呢？有这样一个例子：

伽利略年轻时就立下雄心壮志，要在科学研究方面有所成就，为此，他希望能得到父亲的支持和帮助。

于是，他对父亲说：“父亲，我想问您一件事，是什么促成了您同母亲的婚事？”

“我爱上她了。”父亲不假思索地答道。

伽利略又问：“那您有没有爱过别的女人？”

“没有，孩子。家里的人要我娶一位富有的女士，可我只钟情于你的母亲，她从前可是一位风姿绰约的姑娘。”

伽利略说：“您说得一点儿也没错，母亲她现在依然风韵犹存。您不曾爱过别的女人，因为您爱的是母亲。您知道，我现在也面临着同样的处境。除了科学以外，我不可能选择别的职业，我对它的爱犹如对一位美貌女子的倾慕。”

父亲说：“像倾慕女子那样？你怎么会这样说呢？”

伽利略说：“一点儿也没错，亲爱的父亲，因为我只愿与科学为伴。”

伽利略继续说：“亲爱的父亲，您有才干，但没有力量，而我却能兼而有之。为什么您不能帮助我实现自己的愿望呢？我一定会成为一名杰出的学者，获得教授身份。我能够以此为生，而且比别人生活得更好。”

说到这儿，父亲为难地说：“可我没有钱供你上学。”

伽利略接着又说：“父亲，您听我说，很多穷学生都可以领取奖学金，这钱是公爵给的。我为什么不能去领一份奖学金呢？您在佛罗伦萨有那么多朋友，您和他们的交情都不错，他们一定会尽力帮忙的。他们只需去问一问公爵的老师奥斯蒂罗·利希就行了，他了解我，知道我的能力……”

父亲被说动了：“嗯，你说得有理，这是个好主意。”

伽利略最终说动了父亲，实现了自己的理想，成为一位闻名遐迩的科学家。

在想获取父亲的认可、请求父亲的帮助时，伽利略站在父亲的角度与父亲进行交流，使父亲渐渐和自己产生了心理共鸣，最终认可了自己的理想，同时也使自己在实现理想的道路上获得了父亲的支持和帮助。以站在对方角度看问题的说话方式来达到自己的目的，这种说话方式的运用一般可以分为以下四个阶段：

第一，导入阶段。先顾左右而言他，谈一些对方在意、感兴趣并且能引出自己最终要谈论的话题的事情。例如，伽利略先请父亲回忆和母亲恋爱时的情形，引起了父亲的兴趣。

第二，转接阶段。通过自己的事情与对方事情之间的共通之处，巧妙地将话题转移到自己身上。伽利略巧妙地通过这句话把话题转到自己身上：“我现在也面临着同样的处境。”

第三，正题阶段。通过前面两步的铺垫，会使对方逐渐接受你所说的话，提出自己的想法也就顺理成章了。就如伽利略接着就提出了“我只愿与科学为伴”的观点，这也正是他所谈论话题的核心。

第四，结束阶段。明确提出自己的目的。为了使对方更容易接受，还可以同时指出对方可以从中获得的利益。就如伽利略明确地提出：“……为什么您不能帮助我实现自己的愿望呢？我一定会成为一名杰出的学者，获得教授身份。我能够以此为生，而且比别人生活得更好。”

在求人办事时，若能很好地做到上述几个方面，相信让别人答应你所求之事并不是什么难事。

当你运用了上述的说话方式，仍感觉到对方不愿舍弃他原来的想法时，可以进一步采取措施，继续站在对方的角度看问题，先接受他的想法，站在对方的立场上谈论问题。

因为每个人的自尊心都很强，当他的想法、观点遭到否定时，一时不太容易接受，所以会下意识地固执己见。尽管有时自己也意识到了你是正确的，但极有可能为了维护尊严或心里不服气而变得更加倔强，进而拒绝你的新建议。若是在说话办事时走到这一步，站在对方立场上说话的方式常常能巧妙地攻破对方的心理防线。

李恢来到马超营前，先使人通报。马超说：“李恢是辩士，今必来说我。”于是就叫来二十名刀斧手埋伏，叮嘱他们说：“我给你们下命令，让你们砍李恢时，就把他砍成肉酱！”一会儿，李恢昂然而入。马超端坐帐中不动，叱问：“你来干什么？”李恢说：“特来做说客。”马超说：“我的宝剑刚磨好，你试着说说，如果说得不好，就拿你试剑！”李恢笑着说：“将军的祸不远了！只怕新磨之剑，不能割我的头，要割自己的头吧！”马超说：“我有什么祸？”李恢说：“将军与曹操有杀父之仇，而陇西又有切齿之恨；前不能救刘璋而退荆州之兵，后不能制杨松而见张鲁之面；目下四海难容，一身无主；若再有渭桥之败，冀城之失，你有何面目见天下之人？刘皇叔礼贤下士，你父亲当年曾经与他奉命一起讨贼，你为何不弃暗投明，以图上报父仇，下立功名呢？”马超听了非常高兴，与李恢一起投奔刘备。

李恢面对马超的质问与恫吓，不慌不忙，以一句“只怕新磨之剑，不能割我的头，要割自己的头”表明动机：我是来救你马超的，我自己的生死还不足为虑。由此，引起马超的注意，争取到继续说下去的机会。接着，他站在马超的位置，分析眼下局势，指出马超的前忧后患，道出了马超“四海难容”的凶险形势。最后，他又为马超指出一条“上报父仇，下立功名”的明路，可谓在情在理，令人信服，终于让马超接受自己对局势的分析，做出了正确的选择。所以，说话时以对方的立场为出发点，能让对方抛弃成见，客观地接受你的意见，谈话效果会更好一些。

站在对方的立场上说话，是一种技巧，需要我们时时注意，这样，我们在与人交流的时候才能更顺畅，才能更容易被别人认可。另外，站在对方的角度观察问题，站在对方的立场说话，能在赢得对方好感的同时使事情愉快地得到解决。

动之以情，以真情打动对方

当我们有求于人时，如果别人用一般理由来搪塞拒绝，我们往往会发现对方其实没有经过深思熟虑，只是因为一些细小的原因而做出了拒绝的决定。如果我们能帮助对方分析现状，用真情打动对方，对方一般会欣然相助。

20 世纪 80 年代初，著名的引滦入津工程有这样一段真实的故事：担负隧洞施工任务的部队一度因炸药供不上而面临停工，将会延误工期。领导心急如焚，派李连长带车到东北某化工厂求援。

李连长昼夜兼程千余里赶到化工厂供销科，可是得到的答复却只有一句话："眼下没货！"他找厂长，厂长忙，没时间听他多解释，他跟进跟出，有机会就讲几句；他软缠硬磨，厂长依旧不为所动，硬邦邦地对他说："眼下没货，我也无能为力。"

话说到这份上，似乎路已堵死。

后来，厂长给他倒了一杯茶水，劝他另想办法。但李连长并不死心，他喝了一口茶，看到这水，又找到了新话题："这水真甜啊！天津人可是苦啊，喝的是海河里的苦水，不用放茶就是黄的。"他一眼瞥见厂长戴的是天津产的手表，接着说："您也是戴的天津表？听说现在全国每十块表中就有一块是天津的，每四个人里就有一个人用的是天津的碱，您是办工业的行家，最懂得水与工业的关系。造一辆自行车要用一吨水，造一吨碱要用160吨水，造一吨纸要200吨水……引滦入津，解燃眉之急啊！没有炸药，工程就得延期……"

他说得很动情，很在理。厂长有几分感动，问："你是天津人?""不，我是河南人，也许通水时，我也喝不上那滦河水！"厂长彻底折服了，他抓起电话："全厂加班三天！"三天后，李连长拉着一车炸药胜利返程了。

可见，求人办事最重要的是要把话说到"点子"上，"点子"就是对方的心坎儿。把话说到"点子"上，就是把话说到对方的心坎儿里。

小强刚刚大学毕业步入工作岗位，他就认识了一些学术界的知名人士，并且经常获得他们的指点。谈起他们的相识，就是因为小强打动了他们的心。当时，有许多人都拜访过这些名家，可是，常常谈不了几句就无话可说，很快被"扫地出门"，而小强却成了大师们的座上客，这里面自有奥秘。

作为想在学术领域有所建树的小强，无疑非常仰慕这些大师，他也知道拜访大师们不容易，因此，每次在拜访第一次见面的专家时，他都会先把专家的专著或者特长认真研究一番，并且写下自己的心得。见面以后，先赞扬专家的专著或者学术成果，并且提出自己的一番想法。因为他谈的就是大师一生从事的领域，因而激起了大师的兴趣，从而有了共同语言。在谈话中，小强又提出自己不理解的地方，请大师指点迷津。在兴奋之际，大师无疑会欣然赐教。于是，小强不仅达到了结交大师的目的，而且增长了很多见识，解决了心里存在的疑问，真是一举多得呀！

在这个例子里，小强之所以达到了自己的目的，正是在于他能够洞悉人心，运用了请教式赞语。他所请教的，就是大师们引以为傲的，并且是最感兴趣的，这无疑使大师们很高兴，心理获得了满足，这时，小强的问题也就不是问题了。其实，这个例子反映的仅仅是生活中的一个方面，若运用得当，这种说话方式在生活中的每个方面都可以行得通。

俗话说："人心都是肉长的。"不管双方认识的距离有多大，只要你善于用行动证明你的诚意，能真正打动对方，就会促使对方去思索，进而理解你的苦心，从固执的框子里跳出来。那时，你就有希望了。

有对男女青年小王和小林彼此相爱了，但小林的母亲认为小王家穷，不同意。小王虽然不善言辞，但聪明勤快。他经常到小林家帮忙干活，老人给白眼儿他不在乎，给冷板凳也不计较。见小林家煤球没有了，他主动去拉；没水了，马上去挑。有次下雨见到房屋漏水，他立即冒雨上房堵漏。还有一次，小林母亲得了病，没有车，他就背上往医院跑，直把老人感动得掉泪，说：“小王真是个好孩子啊，我同意了。”

有时候，你去求人，对方推着不办，并不是不想办，而是有实际困难，或心有所疑。这时，你若仅仅靠行动去“缠”，很难奏效，甚至会把对方缠烦了，更不利于办事。

如遇这种情形，嘴巴上的功夫就显得十分重要了。要善解人意，抓住问题的症结，巧用语言攻心。

在美国经济大萧条时期，有一位17岁的姑娘好不容易才找到一份在高级珠宝店当售货员的工作。在圣诞节的前一天，店里来了一位30岁左右的贫民顾客，衣衫褴褛，面黄肌瘦，他用一种难以企及的目光盯着那些高级首饰。

这时，姑娘要去接电话，一不小心，把一个碟子碰翻了，6枚精美绝伦的金戒指落到地上，她慌忙捡起其中的5枚，但第6枚却怎么也找不着。这时，她看到那个30岁左右的男子正向门口走去，顿时，她知道了戒指在哪儿。

当男子的手将要触及门柄时，姑娘柔声叫道：“对不起，先生！”

那男子转过身来，两人相视无言，足足有1分钟。

“什么事?”他问，脸上的肌肉在抽搐。

姑娘一时竟不知说些什么。

“什么事?”他再次问道。

“先生，这是我的第一份工作，现在找个事儿做很难，是不是?”姑娘神色黯然地说。

男子长久地审视着她，终于，一丝柔和的微笑浮现在他脸上。

“是的，的确如此。”他回答，“但是我能肯定，你在这里会干得不错。”

他停了一下，向前一步，把手伸给她：“我可以为您祝福吗?”

说完后，他转过身，慢慢走向门口。

姑娘目送着他的身影消失在门外，转身走向柜台，把手中握着的第6枚金戒指放回了原处。

这位姑娘成功地要回了青年男子偷拾的第6枚金戒指，并且是在尊重、谅解对方的前提下，以“同是天涯沦落人”凄苦的言语得到了对方的真切同情。对方虽是流浪汉，但他此时握有会打破她饭碗的金戒指，极有可能使她也沦为“流浪汉”。因此，“这是我的第一份工作，现在找个事儿做很难”，这句真诚朴实的表白，饱含着惧怕失去工作的痛苦之情，也饱含着恳请对方怜悯的求助之意，终于感动了对方，对方也巧妙地交还了戒指。试想，如果姑娘怒骂，甚至叫来警察，也可以找回戒指，但姑娘的“饭碗”还保得住吗?

巧用激将，让对方主动为你办事

在求人办事时，有时求人者会采用刺激对方自尊心的做法来达到求人的目的，激将法就是其中的一种方法。求人者为了让对方动摇或改变原持的立场和态度，往往利用一些略带贬损意义、不太公正的话给对方罩上一顶“帽子”，而对方一旦被罩上这顶帽子，就会激起心中一种极力维护自我良好形象的欲望，从而用语言或行动表示自己不是这样，自动地去改变原有的立场和态度。

公元208年，刘备被曹操打得落花流水，逃至樊口，势单力孤，继续与曹军对抗已完全没有前途可言，除与盘踞江东的孙权联手以外，别无他计。

这么重大的使命若交付给一位平庸的使者，一定照实陈情：敌方势力强大，我方危在旦夕，请主公出兵相援，不胜感激，云云。而刘备身边能胜此任的唯有诸葛孔明，他自荐过江，求吴国出兵抗曹，后来终于说动孙权，成功地完成了联吴拒曹的使命，以至形成后来三国鼎立之势。你看，求人求得妙，是否是在创造历史？

那么，诸葛亮是怎样打动孙权的呢？诸葛亮见到孙权，先说这样一番话：“如今天下大乱，将军在江东举兵，刘备在江南集结，目的都是与曹操争夺天下。眼下曹军势如破竹，威震天下，空有英雄气概，对他是无可奈何的。加上刘备之军渐渐败退，将军您宜早做应对，好生斟酌才对。如果贵国的军力能够与曹操对抗，就即刻与他断交；如果无力与其对抗，那干脆就迅速解除武装、俯首投降算了。可依我看来，将军似乎在表面上要服从曹操，但其实内心里犹豫不决。目前形势已很急迫，没有多少时间让您犹豫了，希望您马上定下主意，否则后果不堪设想。”

孙权愣了一下，反问道：“照你说的，形势如此严峻，刘备怎么不赶快投靠曹操呢？”

孔明回答说：“君差矣。齐国壮士田横您该知道，他在道义上不能投靠汉高祖，宁可自己结束自己的生命。而刘备是汉室后裔，具有英雄资质，目前虽然困顿，但仍有八方壮士慕其英名，源源而来投奔。起兵抗曹，天之所命，至于事成与不成，只有靠天命决定，岂可向曹贼投降呢？”

孙权听后大叫一声：“我拥有吴国十万大军，承父兄之业，更岂可轻易言降？”此时的孙权是一位26岁的青年君主，血气方刚，自尊心强得很。孔明就是利用孙权的这个特点，或者叫作弱点，用言语刺激孙权的自尊心，使他的意志按照自己所期待的方向转化。

孙权虽然大叫不降，但其实内心也很不踏实，于是又向孔明问道："现在这种情况，除了刘备之外，再找不到能与曹操作战的军队，可刘备最近连吃败仗，不知是否有军力与其再战?"这些是孙权真正担心的事情，他也明知道，光凭东吴自己的力量敌不过曹军。

孔明早有准备，于是冷静地分析形势给孙权听，以打消他的不安。孔明说："刘备确实吃了败仗，但现在军力不少于一万。而曹操之军虽众，但长途远征疲惫不堪。这一次为了追击我们，曹军的轻骑兵一昼夜竟跑了三百里，这好像古人说的，再有力的弓箭若射的距离过远，就连一张薄的布也无法穿过。再者，曹军北兵不惯水战，我方占有地利；荆州之民虽然表面上服从曹操，内心却是时时准备反抗。如果将军集精兵猛将与刘备之军配合，联手作战，一定会击败曹军。天时地利俱在，剩下的就看将军您的决断了。"

孔明这一番分析，指出强敌之短处，强调刘、吴潜在之长处，最后把事情成败的关键又推给了孙权自己，可谓步步高棋，招招妙算，使原本主意不定的孙权决定联军抗曹，以至后来发生了三国时代最大的决战——"赤壁之战"。

诸葛亮采用"激将法"，既达到了求人的目的，自己又没损失什么，实在妙不可言。他的这种"激"，确切地说，就是从道义的角度去激对方，让对方感到不再是愿不愿意去干，而是应该、必须去干。以义激之的方法在我们国家更为有效。因为中国传统道德文化中有一个重要的方面，就是重视人的品德修养，讲求道义、气节。每个人心里都有一份道义，激之以道义，恰恰是去触及对方的内心深处，让他认为对方“求助”的实质是道义的行为。

义，是一种促进力、凝聚力，它能让每一个具有基本道德的人主动担负起某些责任与义务。这也就是为什么当有些人面临困境，通过报刊、电视、网络等媒体发出呼救时，会有许许多多素不相识的人伸出援助之手，献出一份爱心。因为这是从道义上激励了每一个普通人，从而得到了无数的支持与帮助。

但也不是说所有的以义相“求”，其“求”的内容都是深远、重大的。在平常的生活琐事之中，仍然可凭借道义去激对方，取得好的效果。

有这样一个非常有趣的小故事：

有一位母亲在和别人聊天时，谈到了自己的儿子。原来，这个儿子要求母亲为自己买一条牛仔裤，这是一个简单得不能再简单的要求。

但是，儿子怕遭到拒绝，因为他已经有了一条牛仔裤，而母亲是不可能满足他所有要求的。于是，儿子采用了一种独特的方式，他没有像其他孩子那样或苦苦哀求，或撒泼耍赖，而是一本正经地对母亲说：“妈妈，你见过没见过一个孩子，他只有一条牛仔裤?”

这颇为天真而又略带计谋的问话，一下子打动了母亲。事后，这位母亲谈起这事，说到了当时自己的感受：“儿子的话让我觉是若不答应他的要求，简直有点儿对不起他，哪怕在自己身上少花点儿，也不能太委屈孩子。”

就是这样一个未成年的孩子，一句话就说服了母亲，满足了自己的需要。他在说这话时，唯一目的就是要打动母亲，并没有想到该用什么样的方法。而事实上，他的确是从母子道义上去刺激母亲，让母亲觉得儿子的要求是合情合理的，而不是非分的。

这种事例在日常生活中还有很多，也许当事人自己都没有感觉到有什么特殊之处，但又确实是凭着道义达到了求人的目的。

另外，在使用“激将法”求人时，还要注意抓住对方的要害。下面，我们来看看美国富豪约翰逊自己讲述的用“激将法”求人的经验：

“1960 年，我决定在芝加哥为我们公司总部兴建一座办公大楼。为此，我出入无数家银行，但始终没贷到一笔款。于是，我决定先上马后加鞭，设法将自己的 200 万美元凑集起来，聘请一位承包商，要他放手进行建造，好让我去想方设法筹集所需要的其余 500 万美元。假如钱用完了，而我仍然拿不到抵押贷款，他就得停工待料。

“建造开始并持续施工，到所剩的钱仅够再花一个星期的时候，我恰好和大都会人寿保险公司的一个主管在纽约市吃晚饭。我拿出经常带在身边的一张蓝图。当我正准备将蓝图摊在餐桌上时，他就对我说：‘在这儿我们

不便谈，明天到我的办公室来。’

“第二天，当他断定大都会公司很有希望给我抵押借款时，我说：‘好极了，唯一的问题是今天我就需要得到贷款的承诺。’

“‘你一定在开玩笑，我们从来没有在一天之内给过这样的贷款承诺。’他回答。

“我把椅子拉近他，说：‘你是这个部门的主管。也许你应该试试看你有无足够的权力，能否把这件事在一天之内办妥。’

“他微笑说：‘你这是逼我上梁山，不过，还是让我试试看。’他试过之后，本来他说办不到的事终于办到了，而我也在我的钱花光之前的几小时回到了芝加哥。”

看来，以激将法说服别人，务必找到并击中对方的要害，促使他就范。就这件事来说，要害是那位主管对自己权力的尊严感。

约翰逊在谈话中暗示，他怀疑那位主管是否真拥有那么大的权力。主管听了这话，感到自己的权力威严受到了挑战，便产生了这样的想法：那好，我就证明给你看！

人的自尊、名声、荣誉、能力等，都可以作为使用“激将法”的对象。

裴文是唐朝开元年间东都洛阳的一位将军，剑法超群，几乎无人能超过他。

裴文不仅剑舞得好，而且酷爱书画。一次，他家有亲人亡故，为表达对死者的敬意，他想请人在天官寺绘制一幅壁画，一来为亲人超度，二来也暗合了自己的嗜好。于是，他遍访各地，但一直未找到合适的画师。

事有凑巧。一日，他来到天官寺，巧遇画家吴道子和书法家张旭，裴文高兴得手舞足蹈。他热情地迎上前去，主动报上姓名，盛情邀请二位艺术家到一家酒楼"便宴"。二位也不推辞，口呼"幸会"，脚已毫不犹豫地迈向酒楼。

席间，裴文虚心请教画坛之事。吴道子像是遇到知己般大谈画坛境况，裴文听得直点头，大叫"深刻、精辟"，很受启发。

酒过三巡，裴文道出自己的心事，并分别给二位送上玉帛十匹、纹银百两，作为作画、题字的酬礼。哪知二位艺术家笑意全消，立刻冷若冰霜，拂袖而去。

裴文见状，心想：大约是两位艺术家嫌报酬太低，有辱"大师"名声。我只给他们如此微薄的报酬，太不像话了。他立即痛心疾首，带着痛改前非的诚恳表情拦住二位，连忙赔礼道歉："二位先生莫嫌钱少，我现在给的只是一部分酬金，等画作好之后，我再补齐。"

吴道子听罢，怒从心起："裴将军不是太小看人了吗？"说罢，气咻咻地转头就要走。裴文觉得十分难堪。他想：论社会地位，我不比你们低，我是将军；论本事，也是各有所长，说不上谁高谁低。你画画得好，字写得棒，我的剑术亦堪称一流。今天我屈尊求画，反在这公共场合受到冷落，好生尴尬。裴文不由得怒气上升，一时难以压下。

裴文有个“毛病”，一怒就要舞剑，这大约是战场上培养出来的。只见他脱掉孝服，拔剑起舞，身子左旋右转，宝剑上下翻飞。吴、张二位看得津津有味，频频点头。在场围观的游人，个个惊得目瞪口呆，甚至忘了叫好。

裴文一边挥剑狂舞，一边口中念念有词：“什么大师！什么书圣、画圣！我看是欺世盗名，徒有其表！光会舞文弄墨，描些香草美人，于世道无补，甚至不能助我尽一份人子的孝心。还不如咱手中这把剑，可以斩妖驱邪，换来人间太平。有能耐来呀，是骡子是马牵出来遛遛！”

吴道子、张旭听着，面面相觑，不禁汗颜，看罢舞剑，上前与裴文长时间地热情握手、拥抱。“刚才不是我们故意使你难堪，实在是我们太厌恶铜臭味。我们绝不为了钱而出卖艺术。”说罢，吴道子灵感大发，挥动如椽大笔，在画壁上舞墨作画，一气绘成一幅巨型壁画。这就是吴道子平生最得意的《除灾灭患图》。

所谓的“水激石则鸣，人激志则宏”就是这个道理。在求人办事时，这种以激燃自尊火花为目标的游说艺术，往往能起到意想不到的效果。

一般来说，激将法按激将的内容、形式可分为：反语式激将法、及彼式激将法、贬低式激将法3种主要类型，在办事时使用这3种方法，往往能起到“请君入瓮”的效果。

1. 反语式激将法

它是以正话反讲，用故意扭曲的反语信息和反击的语气表述自己的意念，以激起对方发言表态，达到预期目标的方法。

一家中外合资公司的总裁与一家乡镇企业厂长的洽谈正体现了反语式激将法的妙处。

厂长："总裁先生赢利的魄力，的确比我们这些乡下佬大得多，简直是一个大如牯牛，一个小如毫毛。这么大的魄力虽然让我们佩服，但我们实在不敢奉陪，只能收回土地，停止合作。"

总裁："好吧，我再让利一成。"

厂长："不行，按我方投资比例，应当让利两成。"

总裁："行，本公司原则上同意……"

厂长不说对方"黑心贪利"，而说其反语"魄力大"，又以"不敢奉陪"的"哀兵"战术以退为进，激发对方就范入瓮。

2. 及彼式激将法

这种方法是以一种推己及人、将心比心的心理效应，激发对方做角色对换，设身处地同意他人的语言反馈。及彼式激将法成功的关键在于由己及彼，再由彼及己的有效反应。

3. 贬低式激将法

这是一种善意贬低他人、促使发话生效，从而达到效果的言语激将方法。

某厂改革人事制度，招聘车间主任，工人们都希望一位年轻有为的技术员受聘，可这位技术员却犹豫不决。一位老工人冲着他当众发了言：“我说你啊，厂里花了上万元送你上大学，学了一手本领，连个车间主任都不敢当，真是窝囊废!”结果，这个技术员在一激之下，终于揭榜出任了车间主任，果然不负众望。后来，他在一次授奖表彰大会上谈体会时说：“厂里出钱培养我，车间广大工人师傅信任我，我怎么能甘当一个窝囊废呢!”

抓住关键，攻克对方的心理防线

高尔基的名著《在人间》里有一个两家店铺推销圣像的情节：

> 一家店铺的小学徒没有什么经验，只是向人们说：“……各种都有，请随便看看。圣像价钱贵贱都有，货色地道，颜色多样，要定做也可以，各种圣人圣母都可以画……”尽管这个小学徒喊得声嘶力竭，可仍很少有人问津。
>
> 另一家店铺的广告则不同：“我们的买卖不比卖羊皮靴子，我们是替上帝当差，这比金银还宝贵，当然是没有任何价钱的……”结果，许多人都情不自禁地被吸引了过来。

相同的意思，为什么会有截然相反的效果呢？原因就在于前者用语冗长，平淡刻板，而后者则针对基督徒的心理，将自己说成是“为上帝当差”的，用心独到，言简意赅。

在求人办事时，要说服别人帮助自己，就要把话说到对方心窝里，攻克对方的心理防线，消除对方对你的戒备。否则，这道防线将像一堵墙，使你的话说不到他的心里去，甚至让他产生反感。

那么，怎样说话才能突破对方的心理防线呢？不妨用用下面的方法：

1. 利用对方的危机感话语

在一定条件下，每个人都会产生某种危机感，这种意识使他心生恐惧，并由此激发出强烈的要求上进的愿望。如果你能把握住他的这种危机感，就能有针对性地采用相应的对策。

在与人交流中，如果你能洞悉他的内心，巧妙地刺激对方的隐衷，使他内心的想法完全暴露出来，就能找到他的危机感。这个危机感就是你说服他的一把利器。

2. 树立共同敌人话语

在说服别人时，要懂得将小的共同点扩大，树立“共同的敌人”，使对方有同仇敌忾的感觉。《孙子兵法》中有“吴越同舟”这么一句话，原意是讲吴国和越国本是敌对的双方，但因同时面对魏国的威胁，在不得已的情况下，两国只好尽释前嫌，对付共同的敌人。

一旦出现了强大的共同敌人，即使是敌对的双方，也会摇身一变而成为合作的对象。

因此，只要善于突破对方的心理防线，就可以争取对方的理解和支持，为自己赢得助力。

懂得忍让，办事才能更容易

忍人之所不能忍，方能为人所不能为。

2000 多年前，孟子就曾说过：“天将降大任于斯人也，必先苦其心志，劳其筋骨，饿其体肤，空乏其身，行拂乱其所为，所以动心忍性，增益其所不能。”

在求人办事的过程中也是这样，不管别人是否尽力，都不要责怪，应以宽广的胸怀对待。这样，才能建立好人缘，以后办事才会变得更容易。

可是，我们也知道，忍让并不是件容易的事。别人冤枉了你，你感到深受伤害，那你如何还能对这个人忍让呢？

首先，你应该从对方的立场看问题。这么做，也许会使你看到自己的观点不完全是客观的。其次，不要愤怒，不要嫉妒。你受到愤怒的折磨，你用敌视坑害自己，而你恨之入骨的人甚至根本不知道你在恨他。

所以，忍让他人不仅是为了你的尊严和价值，而且也是为了保护自己不受伤害，更是为了以后办起事来更加顺利。

面对冷遇，具体问题具体分析

求人办事，遭人冷面相对的事几乎是家常便饭。面对此种情况，有的人会拂袖而去，有的人会心存怨恨。这样的反应虽在情理之中，但却不利于办事，有时还会因小失大，耽误办事的进程。因此，若遇到了冷遇，要研究对策，具体问题具体分析。了解受到冷遇的具体情况再作不同的反应，是十分必要的。若按遭冷遇的成因而分，不外乎三种情况：

第一种是由于自我估计错误造成的冷遇。无论是对自己估计过高还是过低，都容易给对方造成错觉，认为你不诚实，从而遭到冷遇。在这种情况下，应首先对自己重新分析、判断，摆正自己的位置，及时纠正对方的看法，这样，冷遇就会缓解。

第二种是由于对方考虑欠佳，不经意造成的冷遇。如果受到这种冷遇，你不应过分计较，因为每个人平时都生活在多重人际关系中，你无权要求别人随时照顾到你的感受。毕竟，人们难以面面俱到，因而，遭受这种冷遇是难免的，你应充分理解，千万不要因此弄僵与对方的关系。

第三种是对方故意给你冷遇和难堪。对于这种情况，你应努力克制愤怒，使自己看上去满不在乎。不论对方如何冷落你，你仍然热情地与之交往，使对方受到感动，从而慢慢改善对你的态度。

在求人办事遭受冷遇的时候，千万不能灰心气馁，而是要区别对待，弄清原委，再决定对策。下面就是针对3种不同原因所造成的冷遇而做出的不同策略，希望会对求人办事屡遭冷遇的人有所帮助。

1. 由于自我估计错误造成的冷遇

这种冷遇是对彼此关系估计过高、期望太大而形成的。这种冷遇是“假”冷遇，非“真”冷遇。如遇到这种情况，应自己检点自己，重新审视自己的期望值，使之适应彼此关系的客观水平。这样，就会使自己的心理恢复平静，除去不必要的烦恼。

2. 由于对方考虑欠佳所造成的无意性冷遇

对于无意性冷遇，则应采取理解和宽容的态度。在交际场上，有时人多，主人难免照应不周，特别是各类、各层次人员同席时，出现顾此失彼的情形是常见的。这时，照顾不到的人就会产生被冷落的感觉。

当你遇到这种情况时，千万不要责怪对方，更不应拂袖而去。相反，应设身处地地为对方想一想，并给予充分的理解和体谅。

有位司机开车送人去做客，主人热情地把坐车的人迎进去，却把司机忘了。开始，司机有些生气，继而一想，在这样闹哄哄的场合下，主人疏忽是难免的，并不是有意看低自己或冷落自己。这样一想，气也就消了。于是，他悄悄地把车开到街上吃了饭。

等主人突然想起司机时，他已经吃了饭又把车停在门外了。主人感到过意不去，一再检讨。

见状，司机还说自己不习惯大场合且胃不好，不能喝酒。这种大度和为主人着想的态度使主人很感动。事后，主人又专门请司机来家做客。从此，两人关系不但没受影响，反而更密切了。

3. 对方故意给你冷遇

遇到故意的冷遇时也要做到具体问题具体分析，必要时可采取针锋相对的手段，给予适当的回击。

有这样一个例子：

一天，纳斯列金穿着旧衣服去参加宴会。他走进门时，没有人理睬他，更没人给他安排座位。于是，他回到家里，把最好的衣服穿起来，又来到宴会上。主人马上走过来迎接他，并安排了一个好位子，为他摆了最好的菜。

纳斯列金把他的外套脱下来，放在餐桌上说："外衣，吃吧！"

主人感到奇怪，问："你干什么？"

他答道："我在招待我的外衣吃东西。你们的酒和菜，不是给衣服吃的吗？”

主人的脸唰地红了，纳斯列金巧妙地把窘迫还给了冷落他的主人。

总之，在办事过程中遇到冷遇时，不可主观臆断，而应具体问题具体分析，否则，只会造成不必要的损失。

第六章

懂博弈，再难的谈判也能谈下来

不讨价还价也能达成协议的技巧

价格是你的对手做决定时唯一要考虑的因素吗？

你的对手在谈判方面只在乎价钱的高低吗？

难道客户不在乎产品的质量、公司信誉和售后服务吗？

如何做到不讨价还价也能达成协议呢？

你是否会在谈判中把价值合起来先说，价格分开来后讲？

在谈判过程中，如果你的产品是行业中最好的产品，你可以对客户说："我们的产品是很贵，因为它是'奔驰'，'奔驰'不可能卖'桑塔纳'的价格，你同意吗？""先生，我同意，我们的产品的确是市场上最贵的。因为只有一流的产品才会卖到最好的价位，你说是不是？越好的东西越不便宜，太便宜的东西也好不到哪里去。要买就买最好的，最好的也是最便宜的，因为您第一次就做对了，您说是不是呢？""您有没有不花钱买过东西？有没有因为省钱买回东西来使用时后悔的经历？您同不同意，一分钱一分货？我们没有办法给您最便宜的，但我们可以给您最合理的整体交易。"

销售人员在谈判过程中要学会避开客户直接问及价格的问题，用一些反问的语气让客户放弃价格的问题，把目光放到产品的性能特征上来，让客户了解产品的价值所在，促成交易。

在谈判中，强化产品的价值塑造是十分有必要的。比如强化产品的耐磨性、耐冲击性、容易打理等特性，会深受消费者的喜爱。

为了便于大家掌握一套有效的价值塑造技巧，建议采取以下措施：谈判时，永远把你的注意力放在客户能获得的利益上；做产品介绍时，永远把你的注意力放在客户能获得哪些利益上，而不是把注意力放在你能从客户身上获得什么利益；每当你谈到产品价格时，应该先告诉客户你的产品有物超所值的地方，并把客户得到的所有利益加起来说。只要不断地强调你的产品的附加值，就会降低客户对价格的抗拒。

一个业务员去拜访某公司总经理，他说："吴总，我已经拜访过您好多次了，您对本公司的汽车性能也相当地认同，汽车的价格也相当合理，您也听朋友夸赞过我们公司的售后服务。今天我们再次来拜访您，不是向您销售汽车的，我知道吴总是销售界的前辈，我在您面前销售东西实在压力很大，大概表现得很差，请您本着爱护晚辈的心情给予指点，指出我哪些地方做得不好，以便我早日改进。"

吴总说："你不错啊，人很勤快，对汽车的性能了解得非常清楚，看你这么诚恳，我就坦白告诉你吧，这次我们要为公司的10位经理换车，当然新车一定要比他们现在的车子更高级，以激励他们的士气，但是价钱不能比现在贵，否则我短期内宁可不换。”

业务人员马上说：“报告吴总，您实在是一位好的经营者，购车也以激励士气为出发点，今天我又学到了新的东西。吴总，我给您推荐的车是由美国装配直接进口的，成本偏高，因此价格不得不反映到成本，但我们公司月底将从墨西哥OEM进来同级车，成本很低，并且吴总又是一次购买10部，我一定能成功地说服公司尽可能地达到您的预算目标。”

吴总说：“噢，很多美国车的确都是在墨西哥OEM生产，贵公司如果有这样的车的话，倒替我解决了换车的难题了。”

在此案例中，当销售人员面临山穷水尽无法成交的局面时，由于多次的拜访和客户建立了交情，采取了这种哀兵策略，让客户放弃价格而专注产品，更多地倾向于他自己中意的产品。

1. 要学会转移话题

转移话题，就是在谈判过程中，一方故意脱离原来的话题，把讨论引到别的话题上。这是在谈判桌上被对手抓住了弱点，企图逃脱时常常采用的一种方法。

当对方转移话题时，人们常常会犯两种错误：其一是任凭对方转移话题，自己仍然坚持原来的话题，结果就形成了两条道上跑的车，各执一端，你说你的，我说我的，永无休止，永无结果；其二是当对方试图转移话题，让你与他争论时，你中计了，与他争了起来。这一点更糟，因为你只要一开始争论，便陷入了对方偷换话题的圈套了。他的目的便是如此。

当谈判对手转移话题时，正确的应对方法是，向谈判对手声明，他应该按议事程序来办事，现在我们已经提出了问题，请把这个问题说明后我们再谈其他问题。总之，千万不能让对方牵着你的鼻子走。

2．要做到类比推理

在形式逻辑中，类比推理是根据两个事物在一系列属性上的相同，而且已知其中的一个事物还具有其他的属性，从而推出另一个事物也有这种属性。类比推理的结论具有偶然性，其真假还有待于进一步证实，以类比推理得出的论据是不能证明什么的。

在谈判时，如果对手玩弄这种诡辩技巧，你没有必要指责对手的诡辩，以免破坏了双方的合作关系。但是要善意地指出，类比推理必须是将两个本质上有相同属性的东西加以比较，其所类比的两个东西没有可比性；即使是符合形式逻辑的类比推理，其结论也是有待证明的，所以不能作为论点的论据，或作为其提出要求的依据。

3．要进行循环论证

根据形式逻辑的规律，论证应该由论题、论据和证明构成，其中论据是用来证明论题的，所以论据的正确性应该是确定的，假若论据的正确性不确定，它的正确性还需要论题加以说明，那就犯了循环论证的错误。在谈判桌上，有些谈判者会故意搞循环论证，来为自己的观点辩解。

在谈判时，假如对方使用这种诡辩术，首先你要保持冷静，因为作为一个谈判者必须具有调节和控制自己情绪的能力，在任何情况下都要做情感的主人，发现对方强词夺理时，仍然要保持冷静。

此外，为了不恶化谈判气氛，最好不要直接指责对手在进行诡辩，而是应该向他说明他所持的观点和论据的正确性都是有待证明的。

4．要适当运用模糊语言

按照形式逻辑的规律，在一个完整的句子里，如果其中包含了两个或两个以上的不同的语言含义，这样的句子就叫异义句。在谈判桌上，老练的谈判者为了不授人以柄，不泄露自己的秘密，也会使用这类句子，也就是利用语言的模糊性来为自己争得更多的利益，至少争得谈判的主动。

首先要强调的是，在任何情况下都要保持冷静的头脑，不要想当然。然后，再对对方的话做具体的分析，看他的话可以进行怎样的理解。如果你发现某种解释可能会对己方不利，就应当问明，并提出反对意见；如果你发现某种解释对你是有利的，你也有必要让对方确认，并换一种更明确的说法。千万不能只想好的，而忽视了可能的不利，陶醉于“有利的解释”中，因为那可能正是对方为“钓”你而为你挖的陷阱。

5．谈判时不讨价还价应注意的问题

（1）价格永远不是销售的决定因素。

（2）多谈产品的价值，少谈产品的价格。

（3）销售人员在商谈的时间顺序上，要尽量先谈产品价值，后谈价格。

（4）在让客户充分看到产品或服务能给自己带来的价值之后再报价。

现代管理学之父德鲁克曾指出：客户购买和消费的绝不是产品，而是价值。营销的真正意义在于帮助客户弄清楚什么是有价值的，什么是客户关注的价值，怎样才能为客户创造价值。

问题越简单，回答越省力

在实际谈判中，我们所预设的时间都是有限的，是不允许我们在沟通中花费太多时间的。因此，在互相提问及了解的过程中，我们需要尽量节省时间，以便在有限的时间里赢得令人满意的谈判结果。因此，我们所提出的每一个问题，都要具体集中、细致有条理，不能含糊不清，不能太宽泛。如果我们所问的问题太宽太大，会导致对方不知道该如何回答，而且，还有可能因为你的问题无趣，导致谈判直接走入死胡同。

潜能大师安东尼·罗宾说过："对成功者与不成功者最主要的判断依据是什么呢？一言以蔽之，那就是成功者善于提出好的问题，从而得到好的答案。"

1. 如何提出让对方更容易回答的问题

如何才能提出让对方回答起来更省力的问题呢？我们可以先将大的问题细分，问几个是非题或选择题形式的问题，把对方感兴趣的话题找出来，再继续往下问。

2．提出的问题需要有的放矢

在沟通过程中，善于提问是很有必要的。一个好的问题可以引发一个愉快的话题，而一个愉快的话题可以促进沟通的成功。当然，提出的问题应该尽量细致，做到有的放矢，切不可漫无边际、泛泛而谈。面对不同的谈话对象，需要提出不同的问题，有时候，对方有可能是一个很健谈的人，如果你只是泛泛地问“今天过得怎么样”，他可能就会从早餐开始一直谈到今天的天气、交通状况等，如此漫无边际的谈话，从中你既不会得到自己需要的信息，也不会感到愉快，只会感到相当烦躁。

3．向记者学习如何提问

大多数记者都善于提问，而且他们很清楚自己的目的。一位记者讲述了自己提问的一次经历：“有一次，我采访一些到日本打工的农民，我猜想观众一定想知道他们在日本工作和生活的情况。这一类问题是一定要问的，但是，如果我这样问‘你在日本怎么样?’那么，采访者可能不知道该如何回答。于是，我将问题细分了一下，问了‘你在日本有没有最难忘的事情，给我们讲讲好吗?’如此一来，对方只需要讲一两件事情，我们就了解了他在日本工作和生活的情况。”从记者的经历中我们不难看出，提问越细，对方就越容易回答，同时，我们也更容易掌握谈判的主动权。

声情并茂会令提问更动人

谈判过程中的提问并不是板着面孔的提问，不是像严肃的老师向学生提问。这样的提问表情只会令对手产生反感情绪，更加不把你的问题放在心上。提问，并不是简单地将问题用生硬的语气提出来，而是需要配合适宜的表情和语气，这样的提问才会更加真挚动人。在谈判过程中，人们在提问时往往表现得不尽如人意。有的提问磕磕绊绊，话不连贯；有的声音发颤，语不成句；有的词不达意，不知所云。恰如其分的提问应该是做出与语境相配合的表情、动作，在声音方面也需要配合当时的语境，这样才能让提问更加动人，对方也才容易为这样的提问所打动。

提问，不仅要将问题提出来，而且需要思考如何才能打动对方，让对方主动向我们敞开胸怀。提问的目的就是希望能听到对方的回答，如果我们的提问对方拒绝回答，那就宣告我们提问失败。对此，如果我们想要一次次有效地提问，那就要把自己融入提问的语境之中，切合语境，再配合恰当的表情和语调，这样才能让对方愿意将你想知道的话说出来。

1. 好的提问可以帮助我们获取有价值的信息

著名主持人杨澜说："这个教育制度大多在教我们怎样去答，却很少教我们怎样去问。在每次采访之前，我都会感到紧张和兴奋，并不是因为嘉宾的地位、名头很响，而是我想我该如何利用这不到一小时的时间里问出好故事。"好的提问不仅会让被提问者感觉到我们的真挚，而且还能够帮助我们问到一个个好的故事，这样我们才能从提问中有所收获。

2. 表情与所提问题内容的情绪保持一致

假如我们的提问空洞乏味，语言生硬、语调平淡，那是很难问出好故事的。我们只是将问题"朗读"出来而已，这样难以打动对方，对方很可能会寻找一些理由来拒绝回答我们的问题。所以，为了让自己的提问有所收获，我们应该配合恰当的表情，比如询问一些悲伤的事情时就流露出肃穆的神情；询问开心事情的时候就要面露笑容，这样才能让自己的提问更加动人。

模糊提问，让对方听不出话中意图

在日常谈判中，每一次提问都包含着一个目的，有可能是纯粹地与他人建立和谐友好的关系，也有可能是自己想从对方的回答中获取一些信息。但是，无论是什么样的目的与意图，若是清晰地呈现在问题中，那么，很有可能会令对方产生一些不好的感觉。对方会认为你的提问、交谈都存在着非善意的企图，他会不自觉地产生戒备心理以保护自己，这样，也就影响谈话的进一步进行了。另外，对重大谈判场合来说，更不应该彻底暴露自己的意图、目的。凡事都应该慎重，这样，我们才能“知己知彼，百战不殆”。那如何才能让对方感觉不到自己提问的核心呢？这时我们可以在提问中掺杂一些无关紧要的话题，如此对方就听不出提问的目的了。

周末，朋友聚会，大家惊讶地发现，离婚多年的王太太竟然快结婚了。自从上一次不幸的婚姻之后，王太太就打消了结婚的念头，突然听说这样的消息，朋友们十分惊讶，纷纷询问：“他到底是谁？”王太太笑着回答：“一个会提问的人。每一次约会，我都是在不知不觉中答应的。”

然后，王太太讲述了第一次约会的情景：刚开始见面，他就问我：“网球和电影，你更喜欢哪一种？”我回答说：“我喜欢看电影。”他接着又问：“国产片和外国片，你喜欢外国片？”我笑着回答：“是的，但是附近的电影城正在上演的是一部国产新片，我也很想看。”他也笑着说：“这样好了，这个周末我们一起去看。”我就不假思索地回答：“好吧！我们去看。”

说完，王太太满脸幸福，她说：“每一次和他说话，他总是问这问那，而我根本不知道他为什么会这样问，糊里糊涂就回答了，结果，我就这样被他‘骗’走了。”

王太太未来老公的高明之处就在于他从来不透露自己提问的真实意图，而是问东问西，实在让人摸不着头脑。因此，王太太很轻松地就走进了“圈套”，不知不觉就答应了对方的邀请。通过王太太的例子，我们可以看出有效提问的重要性。

人与人之间的相处是这样，那么，对于蕴含着重大利益的商业谈判，每一个提问更是不容马虎。在谈判过程中，稍微不注意就可能会透露出自己的意图，让对方占尽先机，从而损失一笔大买卖。有时候，模糊的提问还能够引起一个新的话题，而对方却茫然不知。

1. 模糊问题

虽然我们提倡在提问时所提出的问题需要具体，但在某些时候，我们需要模糊问题。也就是说，不把问题明确地提出来，而是提出一些有关核心问题的其他问题，这样就可以模糊我们想要提出的真实问题。自然，对方也就不知道你所提出问题的目的了。

2．问东问西

在许多谈判场合，我们经常看到这样的提问画面：有的人向对方问了许多乱七八糟的问题，看似无关紧要，但到最后却从这些问题中得出一些有用的信息。善于提问的人看似问东问西，却是有规律可循的。之所以问东问西，那是因为掺杂了一些无关紧要的话题之后，对方就猜不透问题的真实意图了。

自曝秘密，诱使对方做出回答

在实际谈判中，并不是我们一提问，对方就会给予我们想要的答案。很多时候，想要对方回答问题，需要我们进行诱导。或许那是对方不愿意正面回答的问题，这时我们就应该适时自曝秘密，诱使对方做出回答。有时候，即使我们配合了很好的表情和语气，但对方对于我们的提问还是会不理不睬，而他们眉眼之间好像有什么难言之隐，这时该如何让对方开口呢？作为提问者，需要考虑到自己所提问题的敏感性，如果你想让对方开口回答这个问题，那就不妨先说出自己的一些秘密，以此引出提问。这样，在话题的延伸之下，对方会觉得这个问题是合理的，自然就愿意作答了。

某国企党委书记在同外商谈判时，发现对方对自己的身份持有强烈的戒备心理。这种状态妨碍了谈判的顺利进行。于是，这位党委书记当机立断，站起来对对方说："我是党委书记，但也懂经济、搞经济，并且拥有决策权。我们摊子小，实力不大，但人实在，愿意真诚与贵方合作。咱们谈得成也好，谈不成也好，至少你这个外来的'洋'先生可以交一个我这样的'土'朋友。"

结果，几句肺腑之言打消了对方的疑虑，使谈判顺利地向纵深发展。

在谈判过程中，谈判者总是希望在谈判中更多地得到对方的有关信息，以便更准确地了解对方。因此，他们总希望对方更多地暴露自己。但是，基于人与人之间的公平原则，当你想让对方更多地暴露他自己时，你就要更多地暴露你自己。自己深藏不露，却要求对方敞开胸怀，这种不公平的现象在谈判中是很少会出现的。所以，在实际谈判过程中，那些有经验且明智的谈判专家总是告诉新手应当坦诚相待，这样可以让对方更多地了解你，同时你也可以更多地了解对方。假如你用伪装和欺骗去换取对方的坦诚，并把这种手段视为谈判的高超技巧，实则是一种错误的想法，最终你所获得的将远远少于你所失去的。

美国著名社会心理学家约瑟夫和哈里对怎样提高人际交往成功的效率，提出了一个名为“约哈里窗口”的理论。

约瑟夫和哈里认为，人们之间的交往成败与否、人际关系能否健康发展、商业谈判是否马到成功，在很大程度上取决于各自的“自我暴露”程度。

在生活中，对我们每个人而言，都存在着四个区域，即自己了解、别人也了解的“开放区域”，别人了解而自己却不了解的“盲目区域”，仅仅自己了解却从不向别人透露的“秘密区域”，自己和别人都不了解的“求知区域”。这四个区域就是约哈里窗口。

在实际谈判过程中，我们可以巧妙地运用这个理论，通过适当地暴露自己的秘密，袒露自己的胸怀，以获取对方的同情、理解与新发现，从而促进谈判走向成功。

生活中，自我暴露是非常必要的，不善于暴露、不能恰如其分地自我暴露弱点的人势必会遭遇各种各样的障碍。自我暴露可以增加个体被接纳的程度，尤其是在人际交往及谈判过程中。彼此之间的自我暴露水平是衡量互相关系的标尺，一些良好的人际关系，是在人们自我暴露慢慢增加的过程中发展起来的。当我们对一个人的接纳性和信任感越来越高，我们也会越来越多地暴露自我，同时，我们还会要求别人越来越多地暴露他们自己。总而言之，人际关系是由低水平的自我暴露和低水平的信任开始的，当一个人开始自我暴露时，这便是信任关系建立的标志。而对方则会以同样的自我暴露水平做出信任的回应，这种自我暴露的反复交换会直到双方达到满意的水平为止。

1. 说出自己的秘密，换取别人的秘密

有时候，为了让对方回答自己的问题，我们可以适当地说出自己的一些秘密。即使对方不想袒露自己内心的秘密，但如果遇到相似经历的人说出了秘密，他内心的防线也会坍塌，他会愿意将自己内心隐藏的事情说出来。

2. 撬开对方的嘴巴

有时候因为所提的问题涉及敏感话题，对方自然不愿意回答，或者说不想回答。这时我们就应该努力撬开对方的嘴巴，甚至不惜说出自己的秘密，去诱使对方回答我们所提出的问题。

减少尖锐问题的敏感度

古人曰："曲径方能通幽。"提问也是同样的道理。在实际谈判中，许多人热衷于直截了当地提问，不修饰、不绕圈子，虽然这样的提问比较真实，但是它不具备实际操作性。因为提问的目的是引起谈话双方的兴趣，为话题做好铺垫，这样才有助于谈判顺畅地进行下去。而提问最为关键的一点是要营造出和谐的谈话氛围，而直截了当的提问极有可能会伤了对方的面子，或者令对方感觉到难堪，破坏了原有的和谐气氛。因此，在提问时，我们应妙语发问，圆润地提出尖锐的问题。否则，便难以将谈判继续下去。

著名教育家陶行知说："发明千千万，起点在一问。禽兽不如人，过在不会问。智者问得巧，愚者问得笨。人力胜天工，只在每事问。"其中，"问得巧"就是圆润地提出尖锐的问题。这样的提问方式会很好地照顾到谈判对手的心理，很容易被人接受，而我们也可以得到明确的答案。

孟子这样问齐宣王："假如一个人把妻室儿女托付给朋友照顾，自己到楚国去了，等他回来时，妻子儿女却在挨饿受冻，对这样的朋友，你该怎么办呢？”齐宣王回答：“和他绝交。”孟子继续提问：“假如管刑罚的官吏不能管理他的部下，怎么办？”齐宣王回答：“撤掉他！”孟子又问：“假如一个国家搞得很不好，那又该怎么办？”这时，齐宣王只好看看左右，不再说其他了。

在这里，孟子并没有直接问齐宣王：“假如一个国家搞得很不好，那该怎么办？”而是先提出两个问题，诱使齐宣王做出回答。然后，孟子再委婉地提出应该怎样处置不会管理国家的人，这时，齐宣王无言以对，最后只能接受孟子的建议。齐宣王作为一位国君，孟子的建议并没有使他感到难堪。

1. 试着了解对方的处境

谈判是建立在平等的基础之上的，自己没有必要带着某种优越感去看待别人，一旦你有了某种优越感，很可能给谈判带来不好的影响。所以，面对别人的不幸遭遇，或者面对别人难以开口的问题，不要粗鲁地用尖锐的词语直接质问，而是应当采用谈话的方式，试着了解对方的处境。当你发现自己所提的问题比较尖锐时，要试着去理解对方所处的境地，尽量把问题变得圆润而委婉。

2. 必须提出尖锐问题时可以适当借助“抽象的第三方”

当你必须提出尖锐问题时，可以“拿抽象的第三方来当替死鬼”。例如，主持人在访问官员一些贪污的新闻、性丑闻的时候，就会抬出第三方来提醒那些官员，比如“您就任即将满三年了，媒体记者们在报道您的政绩时，恐怕也一定会提到，一直都没有得到您亲口澄清，有关两年前的那则受贿事件的传闻”。

3. 把刺耳的字眼换成“具体陈述”

可以尽量把对方听来刺耳的、有审判味道的字眼，换成一些“具体陈述”。比如当你想要问对方关于抄袭这种敏感的问题时，可以换一种具体的陈述：“某学术期刊上面有篇论文跟你上个月发表的那篇，内容上有重叠的部分，大概有5000字。”虽然这样的“具体陈述”有点费时间，却显得很具体，听起来没有直接指责的意味，只不过告诉对方你在就事论事而已。

第七章

职场谈话，别输在不会沟通上

领导面前，不只要做得好，还要说得好

工作，不仅要完成得漂亮、出色，还要很好地与领导进行交流与沟通。做好是一回事，说得好又是另一回事，有时候说得好比做得好所起的作用还要大。当我们顺利地结束一项任务的时候，希望获得领导的表扬与赞美，但很多时候，由于种种原因，领导看不到我们所做的努力，这时候就要靠一张会说能说的嘴来帮助你了。反之，如果你只会做不会说，领导可能不仅看不到你的功劳，还会因为你不会说话而放弃你。

小美是网络公司的美术编辑。工作半年了，工作做得不错，但是薪水却没有提高。于是，小美就开始在领导面前有意无意地提起这个问题，上司却一直装傻。一次，小美看到办公室其他的同事都出去了，就剩下小美和上司两个人，小美故意说，这个月的房租又涨了，饭票也涨了……言外之意是，工资什么时候涨呀?

上司笑着说："别抱怨了，好好工作吧！大家的工资都是一样的！"

“是吗？真的一样吗？怎么是一样呢？我好像比其他同事少了好几百块呢！而且他还经常不认真工作呢，为什么别的同事拿的比我多呢？不要以为别人不知道，大家做的工作都是一样的，凭什么拿的工资不一样呢？要说工作经验，我也已经在这里半年了，什么经验没有呀？”上司听了，盯着小美看了一会儿，好像有点质疑。小美觉得自己没有做错什么，一点也不心虚。

事实上，小美做错了。职场上私自询问他人的薪资待遇本身就让领导反感，小美反而将这一情况情绪激动地讲述给上司，使自己有充分的理由来和领导谈加薪。其实，这些偏激的语言不管是对同事还是对上司说，都非常不合适。他们嘴上虽然不说，心里其实已经在为你打分了。因此，在领导面前，不但要做得好，更要说得好，但不能信口开河、滔滔不绝地对周围的人抱怨。

俗话说得好，在领导面前永远不要太把自己当回事，哪怕你身上有很多的闪光点、有很多的优点。做得很好，也不能沾沾自喜、随意说话，在领导面前要掌握好说话的分寸与语气。为了自己的事业与前途，改变自己的说话风格，做一个会说话的下属。

小明是公司的老员工，但是工资一直没有增加，他心里也比较纳闷。一天，在和同事交流的时候，听同事 A 在那边说：“现在物价涨得太快了，苹果都涨到 10 多块钱一斤了，但是工资还没有什么变化，这让我们怎么生活呀，上有老下有小的。领导就是听不到我们的意见……”同事B也回应着：“是呀，物价涨得真快，前几年，房价还不到1万1平方米呢，现在连郊区都达到两三万1平方米了，更不要说学区房了，哎……”小明也准备加入他们的谈论中，也想抱怨关于领导没有充分听取员工的建议这种情况，但是转念一想，自己在公司也工作这么久了，已经产生了很深厚的感情，就对大家说：“其实，公司也挺不容易的。金融危机之后，公司的产品出口量降低不少，公司运营也存在一定的难度，我们应该体谅。领导不是不听取我们的建议，而是没有办法对我们的建议做出什么决定。”听了小明的话，大家想想是这么回事，也就不再说了，都继续回到岗位上工作了。

在小明说话的时候，公司领导刚好走到办公室门口，听了小明对大家说的话，很有感触，也对他有了进一步的认识，想把他培养成公司的中层。在以后部门和公司有外出与培训的机会时，领导首先考虑的就是小明。

同是职场员工，不同的语言与语气产生了两种不同的命运。一是像小美那样不知轻重地和上司针锋相对，不受领导欢迎；二是像小明这样顾大局、识大体，获得领导的赏识。由此可见，在领导面前不但要工作做得好，有一定的成绩，还要说得好、说得正确。

工作中和上司说偏激的话，是很不明智的做法。尽管自己非常生气，但也不要直接说出来。就算真的发现每个人的薪资待遇不同，也不应该用偏激的言语表达出来，毕竟对方是你的上司。你可以以别人的待遇为参考，但绝不能以抱怨的方式向上司提出要求。

穆阳在职场中一向如鱼得水，工作比较顺利。一次，他带领着团队奋斗了一个多月，终于将一个很棘手的项目搞定。领导看到他们做出来的成果，说：“嗯，不错，再接再厉，你们做得不错，公司是不会亏待你的。”

穆阳本来有向领导提出涨薪的打算，听到领导这样说，也就顺水推舟地对领导说：“王总，我希望能够在我下个月的口袋里得到体现……”

王总听了穆阳的话，回之一笑，说：“没问题，一定的。”说完就笑着走开了。从第二个月开始，穆阳的工资真的提高了。

同样是想让薪资提高，不同的说话方式导致了不同的结果。气势汹汹地要求上司提薪资，结果使得双方都不愉快。平静幽默的谈话却让领导心甘情愿地把自己的薪资提高，这足以说明在领导面前，话说得好可以发挥很大的作用。

要想获得领导的认同与赞扬，不但要有一定的工作成绩，更要具有说话得体的本事。说话是一门学问，尤其是在领导面前，更要三思而后行。

接受上司指示时的注意事项

和上司之间的关系，取决于工作表现与沟通交流情况。工作表现平淡而又不善于沟通，想和上司建立起良好的关系是不可能的。所以，能准确明白上司的指令、命令，是与上司建立起良好人际关系、赢得上司信任的基本条件。

1．精神饱满，爽快利落

当我们被上司喊来接受指令时，痛快而精神饱满地回答“是”是很重要的。这一点说起来容易，但做起来不简单。

即便你自己正忙着工作，在上司叫你时，你也要快速站起来回复：“是!”这样一来，上司会觉得你工作很积极，做事干脆利落，因此信任你。

要明白，若上司对你不信任，觉得把工作给你很不放心，那对你的前途极为不好。因为对你没有信任感也就不会看重你、提拔你。

2．把指示和命令听完，不要轻易打断

上司在交代工作时已经提前想好了交代的顺序，所以，假如你在上司交代的过程中突然打断他，提出自己的疑问，很容易打断上司的思路，会使上司忘记讲到哪儿了。这时，上司不仅会感到尴尬，而且可能会很生气。因此，在接受指示或命令时，要先把上司的话听完，接着再提出疑问或提出自己的看法。这样做是很有必要的。

3. 清楚地表示自己已经明白指令内容

上司会从你的表情、动作来推断你是否清楚、明白了他的目的。因此，在上司交代工作时，你要用点头的动作来表明你已经清楚、明白了工作的内容。然而当你不点头时，上司也就知道你这个地方不太懂，需要再次说明一下。

4. 如果无法接受，要恰当地说明原因

也许你经常会遇到自己正忙着一份工作，上司又给你安排另一份工作的情况。这时，对上司的指示或命令就并非一定能够接受了。因为你正在忙着的工作需要在规定时间内完成，如果你接受了另一份工作，原有的工作就无法在规定期限内完成了，反而会为自己和公司带来麻烦。

此时，你必须确切地说出你不能接受的理由，而不能只是简单地说："不行啊！"而应该先说声："实在对不起……"接着陈述拒绝的缘由。

上司认为你可以把这份工作做好，才把工作交给你。你如果仅仅说"不行"的话，上司会很生气。因此，你要说："我正在从事另一项工作……"或"这项工作也很急……"然后你把自己正在做的工作的内容详细解释一下，然后等待上司的指示，因为你自己是没有权利决定的。

上司在听完你的话之后会做出指示，“先做完手头工作，再做这份新工作吧”或“你目前做的工作比这个重要，先把你手上的工作做完再做这个也可以”。此时，你要听从上司的安排。

5．别忘了委婉地阐述自己的意见

若你对上司的指示或命令有个人的看法或有更好的办法时，坦白地阐述自己的意见很重要。但你也别忘了，必须注意说话技巧，要婉转地提出自己的意见，如“经理，您的想法我能了解，但我认为这样做可能会好一点。”

当然，能说出自己具体的建议和根据是最好的。因为，对上司的指令可以说出自己独特的意见，这在一定程度上是你工作能力的体现。如果是有的放矢的意见，那上司一般会很高兴，也能够接受你的建议。

如何让领导听进你的意见

不论你和领导的关系如何好，领导始终是领导，总是想要对所有的事情拥有绝对的决定权。作为其部下，如何向领导提建议，并让领导采纳与接受，而且不会产生反感情绪，这就是对个体语言运用水平的考验。在对领导提出某些要求或者建议的时候，应该用商量的语气，让领导觉得最终的决定权还是在自己手中。

小惠是一家化工公司的财务，坐在办公室与数字为伍，但是和她的专业并不一致。小惠觉得有点不值得，工作内容也不是自己所感兴趣的，想换个职位。于是在一个上午，她瞄准老板在办公室不是很忙的时候，敲门走了进去。老板看到小惠走进办公室，就说："小惠，有什么事吗?"

"老板，我有个小小的要求，不知您是否会答应?我……我想换个环境，想到外面跑跑，可以吗?"

"可你对业务不熟，你想跑什么呢?"老板面露难色。

"业务不熟我可以慢慢熟悉。如果老板能给我这个机会的话，我会好好珍惜，一定不会让您失望。”

接着小惠又说：“我想换到公关部，可以吗？而且我的朋友大多数都在媒介行业，还可以借助他们的力量，对公司进行宣传……”

“嗯，既然这样，你就试试吧，到时候可是要看你的工作业绩的。”

“好的，老板，我一定不负您所望，谢谢老板！”

小惠笑着离开了老板办公室，也成功地进入公关部门工作。

在对领导提建议与意见的时候，不能语气强硬地进行要求，而应该运用商量的语气进行询问，将决定权放在领导手里。不能自己先做了决定再去上报给领导，要知道最终的决定权始终在领导手里。

由于对领导的畏惧，一些想说的话不知道该怎么说，这时候，你要怎么办？一定要说，但并不是要不分场合、不分对象地进行讲述，尤其是在和领导说话的时候，要想让领导接受你的建议，就要在提意见的时候考虑一下领导的立场。

李先生是一家知名外企的总经理助理。他的顶头上司王总是搞学术和技术出身的，对企业管理运营不熟悉，又喜欢干涉技术部的事情，将管理弄得很混乱。大家都很有意见，但却敢怒不敢言，使得李先生和其他团队出现了很大的沟通困难。

面对这一情况，李先生决定和王总沟通沟通，就对王总说："其实真正的领导权威含有两个方面：技术权威和管理权威。您是技术上的权威，这是毋庸置疑的，但是在管理层面由于经验较少，相对较弱，这是要提高的方面。"王总听了，陷入了深思。

李先生考虑了王总所处的位置，并联系了实际情况，最终获得了沟通上的成功。之后，王总将主要精力放在了企业其他层面的管理，如人事、财务与营销等，逐渐让企业运作走向正轨，得到了快速发展。李先生的职业生涯也越走越顺。

所以，在对领导提建议的时候，要想让领导认可并接受，不但要采用商量的方式，还要考虑领导的立场，维护其权威，让领导觉得你的出发点是善意的。而且，这种方式比较温和，不会发生较大的冲突，能够考虑到领导的尊严，很容易被领导者所采纳。

要想成功与上司沟通，了解他的工作目标和其中的苦衷是极为重要的。有些人说话过分夸张，事关领导的尊严与权威，一时尺度掌握不准，容易被领导误以为心怀不满、另有所指。因此，下属在和领导说话的时候一定要注意自己的语气，语气要尽量和缓，显示自己的诚恳与尊敬。

小李是某公司的程序设计员。一天，由于一个软件的价值问题，他和上司发生了争执，双方始终不能形成统一意见。小李说："我认为这个软件最大的价值在于其算法比较独特，能够运用不同的模型进行建构。你的算法存在一定的缺陷。”这时上司就说：“你的算法也存在不妥，在语音识别方面效果不佳，所以，你也不能说我的算法是不可以的……”

公说公有理，婆说婆有理。小李始终语气坚决地和上司争论，双方都没有妥协的倾向。

其实，如果小李语气平和一些、措辞委婉一些，他的意见就可能会被采纳。因此，在和领导说话，让领导接受自己意见的时候，要从对方的立场进行考虑，为领导设身处地地着想，要顾及领导的尊严。

身在职场，要记住这样一个道理，那就是无论怎样，在向领导提意见的时候要注意采用商量的方式，从对方的立场考虑，运用温和的语气，这样效果会更好。如果双方过分争执形成僵局，不但领导不会听取你的建议，反而会造成恶劣的结果。因此，要想领导听取自己的意见，要采用商量的语气，让领导觉得自己的权威没有受到损害，自己仍然掌握着最终的决策权。

如何指出领导的过错

当你发现领导有错误时，你该怎么做？领导也是人，不是神，自然也会有说错话、做错事、下达错误命令的时候。当我们面对领导的过错时，到底是该说还是不该说，这并没有一个固定的应对模式。这要看领导的脾气秉性、所处的场合、错误可能造成的结果，还要考虑你在公司里的地位及与领导的关系等诸多方面的因素。一般来说，指出领导的过错主要有以下方法：

1. 设计好指出策略

如果领导真的有过错，那么，你应该有“慎说”领导不是的意识。

最重要的是，请务必确定这是领导犯的错误。而且请不要在告知领导他犯错误时还带着证据，让领导觉得你要摊牌。此外，假如是令整个团队都不满的错误，不建议以团体沟通的方式。因为，这更容易让领导产生你们一起来摊牌的负面感觉。

一旦确定是领导的过错时，就应该开始寻求好的时机，察言观色，找个适当的场合，设计好开头，告诉领导他的错误所在。

2. 不要在众人面前指出

假如上司犯错了，不要在众人面前指出他的错误。毕竟上司就是上司，要维护其尊严。古今中外都是这样，即使一件公事的处理，恰巧是领导的错，那他在一定程度上也得被尊重。下属不可以摇晃着谁错谁就得受到指责的旗帜，而不为领导留些情面，更不能事后与同事讨论领导的错误，用嘲弄的口吻让流言到处传播，用贬损领导的话来证明自己的明智与正确。如果必须让上司明白他的过错，你应该在适当的场合、适当的时间，私下里找上司聊一聊，说出自己的意见和看法。

3. 不必据理力争

假如领导说错了话，无论在什么情况下，这些错话并不影响你的利益和你所负责的工作，你就不必据理力争，可以选取“装聋作哑”的办法，也就是装作没听见或没听明白。这是一种“揣着明白装糊涂”的方法，它能够让你避免一些是非，也可避免让领导陷入尴尬和困窘。和领导之间的矛盾有时在所难免，不要在冲突发生之后一走了之。因为，在工作中可能会出现同样的问题，到那时你又该怎么办呢？也别为争一口气而大闹一场，因为吵闹不能解决任何问题。

4. 先服从并去执行

事实上，领导说错了话还不算严重，最难办的是领导做出了错误选择，而且还不听下级的忠言，一意孤行。这时，我们应该先相信领导，如今他既然能当你的领导，一定有比你强的方面。领导所拥有的不仅是资产，而且还有他在商场上的经验。可以这么说，绝大多数领导都是行业的精英，以他们的阅历和知识，犯错误的概率一般较下属低。有时看上去是领导错了，可最后证明领导对了的事情并不少见，因为领导和你站的位置不同，思考问题的方法不同，所以，和你的想法自然会存在差异。

假如你必须执行你认为是错误的命令，那你唯一可以做的是：服从你的领导，认真去执行。在执行过程中，要积极主动地上报你工作的进展和工作中出现的问题，要相信，领导拥有自己的判断，是停止还是继续他会明白的。即便最后证明领导错了，你也不要难过，毕竟你已经尽了心力。

好薪水是谈出来的

薪水是每个职场中人都关心的问题，因为这不仅直接关系到自己的生活质量，而且也是衡量一个人能力和综合素质的准则之一。

我们希望自己拥有一个体面的职位，一份可观的薪水。市场竞争愈加激烈，生活压力越来越大，因此，人们对薪水的重视程度并不低于工作本身。民以食为天，置身红尘俗世中的我们，望着别人香车别墅、锦衣华服，有几个人可以坦然面对自己一身素衣的窘迫？相同的学历背景，差不多的工作能力，你跟别人为什么会有着明显的贫富差异？这个时候，你就会在心里暗暗掂量着自己是否拥有加薪的筹码，是否该主动和老板聊聊加薪的问题？但是又会想：万一加薪不成反而让老板对自己有不好的想法怎么办？该如何开口呢？

事实上，成功加薪的方法有很多，把它们归总起来，大概有以下几点：

1．谈判的同时表达忠诚

你的目的是加薪，而不是被炒，因此，无论谈判成不成功，都要委婉地表达出自己对企业的忠诚，不能用辞职来胁迫老板，除非你的确已经找好了下家。

2. 迂回表达

假如没有勇气当面找老板谈判，不如采取迂回战术。例如，巧妙地将猎头公司正以双倍薪水来挖你的信息送进老板的耳朵。

张先生是某物流公司的职员，在公司里已经工作4年了，不管是工作态度还是工作业绩都很好，也没有犯过任何过错。每到过年时，他就想着公司该给自己加薪了，但是老板却无动于衷。他也曾多次暗示过老板，可是老板总是装糊涂。老板平时虽然表现得很大方，但因为是私人企业，加薪是件比较难办的事。若向老板提出要求，他又感觉不好意思，害怕被拒绝。有人建议他跳槽，但是他已经习惯了这里的工作环境，不愿意轻易去改变。

有一次吃饭时，他将有人想挖他的信息在饭桌上装作无意地讲了出来，没料到第二天，老板就找他谈话，说考虑要给他加薪。

当然，这种方法只适合于私企，尤其是那些还没有完全成熟起来的私企。在有规范薪酬制度的公司，会有公正、客观的评价系统，他们会随时关注每一名员工的成长与进步，让员工有机会岗位交流、培训提高甚至破格录用。假如在这些单位，总是用跳槽来作为加薪的借口，会让领导怀疑你个人的忠诚度。

3. 开门见山地提出

表达愿望要清楚，切忌拐弯抹角。既然决定提了，就不要前思后想，犹豫不决，而要用最直接、最明白的方法说出你的想法。

秦小姐毕业于北京大学，如今在一家香港公关公司工作。毕业时，她在北京工作，和当地消费水平相比，月薪算是很高了。可是，如今她被调到了香港总部，和香港同行比较，薪水就显得较低了。于是，秦小姐产生了要求加薪的想法。正巧本年度业绩评估报告出炉，秦小姐的业绩表现处于中上等，因此，她决定抓住这个时机和上司谈谈。

在谈话中，秦小姐开门见山，直接表达了自己想要加薪的想法。上司微笑着问："你打算怎样说服我？"

秦小姐打开面前的第一份资料，上面记录着她进入公司以后的优秀表现和重大业绩。一一陈述完毕后，秦小姐又打开一份自己自进入公司以后的工资变动曲线图。图表清楚地显示，她的工资涨幅一直挺低，明显低于同行水平。同时，秦小姐还说，自从来到香港，自己又拿到了 MBA 学位，工作能力大有提升，薪水理应上一个台阶。

老板听完，爽快地说："公司将继续考察你一段时间，如果的确在工作中表现出了比以前更强的能力，能够考虑加薪。”此后不久，秦小姐的加薪愿望就实现了。

4．找直接主管解决问题

顶头上司是对你的工作绩效、工作能力最有发言权的人之一。当面找他谈提薪要求不但可以更好地达到目的，而且可以避免不必要的麻烦。要明白，每个领导都不喜欢下属越级报告。

5．抓住发展机会

如果被拒绝加薪，可请求把加薪转变为职业发展机会。比如培训、转到更适合自己的工作岗位上，或者要求参加较大的项目等。

6．谈工资的百分比

假如工资基数高的话，在谈加薪时最好谈百分比；假如工资额不大的话，则应谈加薪的具体数额。

7．其他方式

不久前，刘兵和上司提过加薪的事，但是被上司堵了回来。实际上，刘兵的工作业绩向来不错，人际关系也不错，领导在公开场合也表扬过他。后来，老板说：“其实刘兵是符合我们公司提薪条件的，可是他当时找我谈话的时候，说话方式有点不对，而我那天心情又不太好，就让他碰了钉子。”

一般来说，员工在和老板谈加薪的时候，在表示自己成绩的同时不要太过强调这点，不然就会显得好像公司全部的成就都是因为有了你。老板也许会和你商量自己的难处，但这并不表示他拒绝了你的要求，这时，你要心平气和地聆听，不要采用强硬的对话态度。

又如，李明曾经多次和领导讨论过加薪的问题，但都被领导用这样或那样的原因给挡了回来。有些人碰到他这样的情况，一定不再抱希望了，要么跳槽，要么无奈地安于现状。实际上，谈加薪的时候需要有底气，在追求利润最大化的情况下，公司会节省一切开支。可是，要知道加薪是你的正当权益，不是乞讨。因此，李明的方法就是屡战屡败，屡败屡战，只要不提过分的条件，基本上最后都是可以成功的。老板不答应你的加薪要求，请先不要垂头丧气、急着想调头就走，不如当场向上司讨教“到底如何才能答应加薪的请求”。若老板能真凭实据地列举出你有待进步的地方，那你就铭记在心，及时加以改进，以当作下次谈判的筹码。

第八章

完美成交，客户是谈出来的

应对不同性别客户的口才技巧

男性和女性的消费心理存在巨大差别，销售人员推销之前必须进行一定的研究和了解，对他们采用不同的推销方式。

1. 男性客户的消费特点

（1）比较自信，决定果断。男性能很好地控制自己的情绪，在处理问题时能够冷静地权衡利弊，顾全大局。他们一般具有较强的独立性和自尊心，这直接影响他们的购买心理和购买行为。因此，他们动机形成果断迅速，并能立即产生购买行为，即使面对复杂的情况，也能够果断处理，迅速做出决定。

（2）动机不强，时常被动行事。一般情况下，男性买东西的次数没有女性多，没有女性频繁，购买动机也不如女性强烈。在许多情况下，购买动机的形成往往是受外界因素的影响，如家里人的嘱咐，同事、朋友的委托，工作的需要等，其动机比较死板、被动。

（3）理智多于感情。男性客户在购买活动中理智总是大于感性，他们不喜欢联想、幻想，感情色彩比较淡薄。所以，他们的购买动机一旦形成后，就不易改变，其购买行为也有一定的规律。男性客户在购买某些商品时与女性的明显区别就是决策过程往往比较理智，如购买汽车，男性主要考虑的是产品的性能、质量、品牌、使用效果、价值、保修期限等。只要他考虑的各个方面都能满足的话，就会做出购买决策。而女性则是感情占主导地位，她们往往更注重车子的外观、式样、颜色等，并以此形成自己对商品的好恶。另外，男性客户认为男性的特征是豪爽果断，因此，销售人员在对男性进行推销时，要抓住那些具有明显男性特征的商品进行推销，选择如烟、酒、个人装饰品等男性标志商品进行介绍，为顺利推销产品拉开序幕，为日后的产品推销打下基础。

（4）看重简单、实用。男性客户更加注重商品的质量和实用性。男性客户购买商品多为理性购买，目的是满足需要，不太看重产品外形是否花哨，他们更注重商品的使用效果及整体质量，而不太关注产品的其他方面。

（5）注重产品档次。大多数男性客户均具有较强的尊严且重视面子，购物时十分注重产品的档次和品位，而不太关心其价格。由于男性客户本身所具有的攻击性和较强的成就欲，所以他们购物时喜欢选购高档气派的产品，且一般不会像女人一样总爱讨价还价，他们忌讳别人说自己小气没有品位，或所购产品"不上档次"。销售人员在向男性客户推销商品时，应抓住男性客户这一普遍的心理特征，特别强调商品的档次及品位。

总而言之，男性客户大多属于理智型。理智型购物者都是用清醒的理智指导购买行为。这种客户大都是经过仔细考虑后，才对某种物品产生购买欲望和购买行动的。

当然，社会上也有一些男性客户具有盲目消费特征。盲目型购物心理，是一种没有明确购买目标而且盲目、随意购物的心理状态。这种盲目型购物心理比较容易出现在个性比较冲动、好奇、没有主见的客户当中。从经济条件来说，那些经济能力比较强的客户也容易出现这种心理。

这是因为有些客户并不知道自己是否真的需要某种商品，外界因素会对他们的购买心理产生极大影响，因此这种客户购买产品时往往具有一定的盲目性。有这种心理的客户，多数是那些经济富裕，实际需求已得到满足，却又好奇、冲动的人。

2. 女性客户的消费特点

(1) 具有较强的主动性、灵活性。女性喜欢购买产品的原因是多种多样的。有的是迫于客观需要，如家庭需求；有的则是为满足自身需要；有的则把购物当作一种乐趣、消遣等，所以购买动机比较灵活、主动。动机的灵活性也常常体现在购买具体商品上，如原打算购买某种商品，却刚好碰到缺货，这时男客户往往会放弃购买，而女客户则会购买其他合适的商品代替，以满足其购买欲望。

(2) 具有浓厚的感情色彩。女性一般具有丰富的感情和细腻的心思，心境变化频繁，富于幻想、联想，因此购买动机带有强烈的感情色彩。如看到有孩子在玩一种玩具，玩得高兴开心，她就马上会联想到自己孩子要是这样会是多么可爱，从而产生积极的心理活动，越来越喜欢商品，从而促发购买动机。

(3) 购买动机易受外界因素影响，波动性较大。由于女性心理常受外界因素影响，所以其购买动机的起伏波动也比较大。女性心理活动易受各种外界因素的影响，如商品广告宣传、商品低价促销、营业员的服务态度、其他客户的意见等。例如，许多商店为了吸引客户，用耀目大字标明“减价商品”“促销商品”“出口转内销”等，这些因素往往影响着女性的购买心理。

由此可见，男性与女性在购买心理和购买行为上有着巨大差异，所以应该对不同性别的客户，采取不同的推销策略，展现不同的推销口才，这样才能更有针对性地进行商品推销，推销的成功率也才会更高。

对待挑剔型客户的口才技巧

一般来说，那些爱挑剔的客户疑心都比较重，你一般很难取得他们的信任，他们总认为销售人员只会夸张地介绍自己产品的优点，却闭口不提其不足和缺陷。挑剔的客户多半不易接受他人的意见。

对待这种类型的客户，销售人员要懂得采取迂回战术，先与他们交锋几个回合，但必须适可而止，最后故意宣布“投降”，假装说不过他们，心服口服地夸奖对方高见，并佯装称赞对方独具慧眼、体察入微，让其吹毛求疵的心理得到满足之后，再找机会切入推销正题。身处这种场合，销售人员一定要注意满足对方争强好胜的心理，请其批评指教，说出他们的想法。

1. 挑剔型客户的基本类型

总的来说，客户挑剔的方式大致有以下 9 种：

（1）借口，即拒绝购买的借口。如：

“这个款式很好，但我不喜欢它这么短（本来就应该短）。”

“这个产品不错，但我更喜欢红色的。”

（2）偏见和成见。如：

“什么？幸福牌彩电？送我都要考虑一下呢，我喜欢的是双喜牌！”

“都一大把年纪还赶什么时髦，不要不要！”

（3）自我表现。如：

“现在谁还穿这个，早就过时了，现在流行的是……”

“这有什么好的，一看就知道是组装机。”

（4）恶意反对。这是无理取闹的表现之一。

（5）压价。这是最普遍的一种。如：

“这是最后一台，好坏都不知道。”

“这些东西成本特别低，不过几十元。”

“这里被磕了一下，我不喜欢。”

（6）客观批评。客户提出的问题是商品或服务确实就有的，这是有购买倾向的客户都会提出的问题。如：

“这种冰箱外观不错，功能也齐全，只是压缩机是国产的，噪声太大。”

“这种切割机刀片易坏，需要常常更换，太麻烦。”

（7）对商品的性能不了解。客户故意说话以引出你的解释及介绍。如：

“这个功能好像没什么用吧。”

（8）两难处境。客户喜欢商品的一点却又不喜欢另一点，是否购买处于两难之中。

（9）最后的反对。提出最后的反对，而这些理由往往是早些时候已提出过的，实际上不是挑剔，而是间接告诉你他的决定。

2. 挑剔型客户的心理分析

挑剔型客户在对待推销人员的时候，往往是先挑三拣四，然后提出一大堆问题和要求。这些问题有的是真实的，有的只是大惊小怪、无中生有。这类客户之所以这样做，是因为具有一定目的。

（1）迫使销售人员低价出售。

（2）为能讨价还价打下基础。

（3）想告诉别人，我什么都懂，别想着欺骗我。

这种情况下，就要准确针对客户的具体问题，有针对性地进行耐心解释与恰当说服，使对方改变固有想法或决定，重新做出购买选择。

规劝挑剔型客户的口才技巧

对待爱挑剔的客户，无论其怎么说，怎么挑剔，销售人员都不应在意其褒贬，以下是几种劝购技巧：

1．归纳法

把客户的意见归纳起来，一口气说出多种反对意见，就可能减少对方意见产生的影响。如：

“你有这种想法是可以理解的，不过只要价格合适，就能成交……”

2．摊牌法

在没有可能说服对方的情况下可采用反问，表明自己的诚意，以此答复客户，从而削弱其反对意见。如：

“您又是怎样看待这个问题呢？”

“要我如何做才能说服您呢？”

3．否定法

例如：

客户：“这种衣服洗后肯定会褪色。”

售货员："不，这和以往的面料不一样，是新研发的，绝不褪色，我可以用本店名誉担保。"

客户："这是山寨版的。"

售货员："我们店从不卖山寨版的。"

4. 先发制人法

在客户之前主动说出疑虑，并自问自答，把问题解释清楚，给客户一种诚实、可靠的印象。如：

"您可能认为它功能单一，但是正因为其功能单一，其效果才比多功能的要好。有些功能很少能用上，又浪费资源又浪费金钱，何必呢！"

"也许你认为商品价格有点偏高。但这是全手工制作，绣一幅要花上半天时间，其实你还是划算的。"

5. 顺应法

例如：

客户："这东西怎么这么贵啊！"

售货员："是啊，的确很贵，名牌产品不都很贵的吗？"

6. 转折法

例如：

客户："我觉得有些地方不太好。"

售货员："您说得有道理，不过，这种产品本身就是这样设计的。"

7．拖延法

例如：

客户："对于这个商品，我不太确定其安全与否。"

售货员："关于这点，你可以看看产品说明书。"同时递上有关资料，也可拿出商品让客户挑选比较，让其打消顾虑挑到满意的商品。

应对似懂非懂型客户的口才技巧

所谓似懂非懂，是你感觉对方已经懂了，而实际上他并不懂。也就是在说话时，对不懂的事装作已经懂了。这种类型的客户，有时候也很好对付，但是碰到刚入行的推销人员，常常会不懂得为客户留面子及台阶，从而让客户很气愤。这种客户有着强烈的自尊心、优越感和自我表现欲。如果你当众指出其不足，他们一般是不会对你产生好感的，结果也就可想而知。

销售人员：“您的意见有的很高明，绝非一般人能赶得上的。”

客户：“我在大学时代也蛮刻苦的，你看这间会客室，是我自己设计的，怎么样？”

销售人员：“我总觉得自己不学无术，挺让您见笑的！您刚才不是说过，红色是代表兴奋的色彩，绿色是镇静的色彩，可是您的书房为什么设计成红色的呢……”

客户：“装潢公司不小心弄错了，当时我不在家。”

销售人员：“我也觉得您那么高明是绝不会弄错的，

如果这间书房以绿色为主的话，当然，您也知道该如何调配色彩的浓度、明度和如何补色，并且该配以什么样的地毯！”

你可以像这样稍微点一下客户的错误和矛盾，用请教的方式和他交谈，对方也较容易接受，而且在交谈中，你能用心去了解对方知道多少，这样就能更容易往下交谈。

如果你想弄清楚客户究竟懂多少，可以用一些专业问题来问他，比如说：

“为什么我们会遇到电线回路不好的现象呢？”

“为什么扬声器越多发出声音往往会越好？”

如果对方能够脱口而出回答这些问题，当然显示他懂的不少，你就可以照他懂的程度采取相应的策略。

相反，如果他们这样回答：“哦！这个嘛！意思就是……就是，反正总的来说，它的性能还是不错的。”

这样的回答，无论是谁都能判断出对方并不是很在行，但是销售人员却不可以马上表示出来，而应尽可能帮其解围，你可以这样说：“也许您知道吧！就是……”

另外，你也可以先适当赞扬一下客户的了解程度，然后再慢慢向他解释，这也是应付这一类型客户的方法之一。

应对疑虑重重型客户的口才技巧

有些客户买了产品之后，渐渐地觉得这也不好，那也不好，这种客户是最不好处理的。首先一定要先找出问题所在，消除客户的不满情绪和重重疑虑，才有可能让客户放松警惕，重新接纳销售人员。

下面有一个例子。

客户："上回那个卖保险的劝我附加个什么医疗保险，说一天可以领多少多少，结果还领不到1/3!"

销售人员："那您有其他附加保险吗?"

客户："有啊!"

销售人员："那么，当初那个销售人员有没有告诉您，在支付您之前还得先扣除其他附加保险支出的那部分?"

客户："这个……"

销售人员："我想可能是他没有解释清楚或忘记告诉您了吧。其实，保险是不会骗人的，只不过有很多契约条款我们没有认真细读过。就好比说，骨折时我们都喜欢找中医开中药而不愿看西医上石膏，但万一这个中医没有资格证书，往往得不偿失。”

客户：“原来是这样啊！”

销售人员：“这些在契约在合同条款上都有明文记载，同时受法律约束，只要合乎规定，保险公司是不会违反法律法规的！”

在实际销售中，销售人员往往会碰到不信任自己的客户，他们总是顾虑重重，用充满怀疑的目光审视你，这便是多疑型客户。

在交谈过程中，面对疑心重重的客户，不管销售人员微笑再多，态度再热情，介绍再详细，他们仍然会无动于衷。

多疑的客户之所以多疑，一般缘于以下两种原因。

1. 过于深思熟虑

他们要对产品的各个方面，如产品质量、型号、售后服务等进行全面考察后，才能下决心购买。

从他们的表现中可以知道，这类客户之所以有这样的行为，一般是由于其经济状况不佳。如果他们要购买的这一商品需要花去他们一部分的收入，那么只有达到“十全十美”，才能使他们觉得“这笔钱花得值得”。他们在购买之前需要得到你对他们需求的肯定答案，并且再三保证。他们的经济条件使他们无法相信别人，他们只相信自己看见的。

2. 曾经被骗过

如果以前曾因轻信虚假的产品宣传，或曾因图小惠而失大利，一再上当后他们戒心大增，从而导致再遇推销时警惕性都非常高。

这类客户由于之前曾遭受过较大的损失，而这一损失完全是由于他们本人心软轻信的缘故造成的。一次“重创”，足以使他们得到深刻教训。

面对多疑的客户，销售人员一定要以诚实、真心的态度对待他们，说话要注意语气，切不可眉飞色舞过于夸张，让他们产生一种虚情假意的感觉，进而对你所介绍的产品也不会看好。

你可适当地肯定他们所说的问题，甚至还可以主动承认产品的一些“小问题”——当然是无伤大雅的小问题，不会对产品的价值及正常使用产生影响，这样会使对方的心情变得轻松。比如，你可以这样说：“是啊，虽然我们的产品质量属于一流，但其外观和款式还是有待改进!”

对于那些喜欢眼见为实、需要证据的客户，你可以尽可能地利用一切证据向其证明：你说的话绝不掺假。你可将获奖证书、权威机构的认证证明、报纸杂志刊登的表扬性文章、某专家的权威证明等给他看，这样能大大增加他们的信任度。